中国体育学文库

民族传统体育学

太极拳的传统身体知识研究：

以民国时期五人太极拳著作为中心

张振华 I 著

北京体育大学出版社

策划编辑　孙宇辉
责任编辑　孙宇辉
责任校对　陆继萍　刘艺璇
版式设计　中联华文

图书在版编目（CIP）数据

太极拳的传统身体知识研究：以民国时期五人太极
拳著作为中心/张振华著. --北京：北京体育大学出
版社，2023.9
　ISBN 978-7-5644-3762-6

Ⅰ.①太… Ⅱ.①张… Ⅲ.①太极拳-研究 Ⅳ.
①G852.11

中国版本图书馆 CIP 数据核字（2022）第 250331 号

太极拳的传统身体知识研究　　　　　　　　　张振华　著
TAIJIQUAN DE CHUANTONG SHENTI ZHISHI YANJIU

出版发行：北京体育大学出版社
地　　址：北京市海淀区农大南路 1 号院 2 号楼 2 层办公 B-212
邮　　编：100084
网　　址：http://cbs.bsu.edu.cn
发 行 部：010-62989320
邮 购 部：北京体育大学出版社读者服务部 010-62989432
印　　刷：三河市华东印刷有限公司
开　　本：710 mm×1000 mm　1/16
成品尺寸：170 mm×240 mm
印　　张：10.75
字　　数：185 千字
版　　次：2024 年 1 月第 1 版
印　　次：2024 年 1 月第 1 次印刷
定　　价：85.00 元

自　序

我在中学时代因身体病弱开始接触太极拳，曾经在学习和工作的不同阶段着迷于这一独特拳种的不同方面，深感太极拳具有极高的健身、技击、艺术价值，并体会到太极拳这三种价值之间具有深刻的统一性，三者是共生一体的。随着对太极拳理论来源进行更深入的思考，我自然对传统文化多了一些理解与兴趣。

楼宇烈先生在《中国的品格》中说："……中国的传统文学艺术，最深刻地传达了中国传统文化的精神境界和生活情趣；中国的中医，特别是中医理论，最全面地体现了中国传统文化的根本观念和思维方式。这也就是说，中国传统文化的核心价值观和基本思维特点，最充分地体现在传统文学艺术和中医理论中；反之，通过对传统文学艺术和中医理论的了解和把握，也就可以更深刻地体悟中国传统文化的根本精神和思维特点。"我赞同楼先生的观点，同时，也想作一点补充：太极拳等传统体育也同传统文学艺术、中医一样，全面、充分地体现了中国传统文化的精神境界、根本观念和思维方式；通过对太极拳等传统体育的实践和感悟，可以更深刻地体悟中国传统文化的根本精神和思维特点。

目前，太极拳的流派体系纷繁复杂，诸多理论与技术问题莫衷一是，并且太极拳专业师资水平参差不齐，甚至鱼龙混杂，这使很多人认为太极拳包含着自欺欺人、夸张玄虚的成分，特别是一系列的太极拳伪大师事件，更使太极拳领域出现了一定的形象危机和信任危机。毫不夸张地说，因为复杂的原因，太极拳的传统出现了某种断裂。因此，回顾和重建传统，解读和传承经典，显得非常重要、必要和紧迫。拙作正是在这种考虑下成形的。

当今，针对一般学术概念的研究受到自然科学研究的重要影响，突出量化、实证特征，然而太极拳等传统体育项目强调通过经验体悟的方式追求身心合一，这种特征给此主题的学术研究造成一定的困难。拙作既希望反映太极拳经典文献的本意，又想尽量以当下读者易于理解的思维方式对这些文献进行整理和阐发，并将其与人们的常规认识进行比较，这是拙作确定论述重点和提炼问题的一个重要依据。当然，对太极拳重要文献的解读，必然要立足于对传统文化的整体了解和一定的实践经验，本人勉力而为，未能尽如人意。另外，本人对于相关自然科学学科缺少研究，对现代科学缺乏宏观了解，也使研究视野受到局限。拙作中难免存在不当及错误之处，敬请方家指正！

目 录
CONTENTS

第一章

绪　论

太极拳，一个用中国传统哲学的核心概念来命名的武术拳种，一个在中国的公园、操场上经常能见到的运动方式，它的身上似乎同时交织着抽象高深和寻常浅近的色彩。

拳名"太极"并非玄虚附会，据民国时期太极拳家的通行阐释，身体运动中的种种相对关系——上下、刚柔、动静等，都可以用"阴阳"来代表和说明，太极拳是在运动中调和种种阴阳关系、使其相济为一的项目。太极拳追求的"太极"与《周易》等重要典籍中的"太极"含义完全契合。① 因为"阴阳"所代表的各种运动关系，从根本意义上说就是身心关系，所以"太极拳"是在运动中融合身心、追求身心如一的项目。

---

① 《周易·系辞上传》："《易》有太极，是生两仪，两仪生四象，四象生八卦，八卦定吉凶，吉凶生大业。"

第一节　太极拳的当代价值与
当前太极拳发展的深层矛盾

据统计，全球有超过 150 个国家和地区的数亿人练习太极拳，太极拳的国际化传播已达到一定水平，太极拳正在为保障人类的健康贡献着力量。2020 年 12 月 17 日，太极拳被联合国教科文组织列入人类非物质文化遗产代表作名录，这一标志性事件进一步显示了太极拳的文化品质和国际影响力。但是，一些太极拳伪大师故弄玄虚、夸张作假，导致太极拳出现形象危机、信任危机。

一、太极拳的当代价值

据近现代武术史家唐豪（1897—1959）考证，太极拳是由明末清初河南温县陈家沟的陈王廷（1600—1680）所创造的。[①] 不过唐豪的这一结论从 1937 年提出到今天一直受到诸多学者的质疑。唐豪的考证确实不够严密，然而其他种种太极拳起源说，如张三丰创拳说[②]，也都存在着证据不充足的问题。考证太极拳起源问题的过程中还存在着一些拳派尊己卑人、地方利益入场推动等情况，这使得考证更加艰难。

其实可以从一个更加超脱和宏观的角度来看待太极拳的起源问题。

[①]　唐豪. 行健斋随笔 [M]. 上海：中国武术学会，1937：69.
[②]　虽然张三丰创拳说缺少可靠依据，但是它依靠口口相传在近代产生了深远影响。这种说法虽然在史实依据上不可靠，但在寻找太极拳文化根源和文化偶像的意义上却得到了练习者的普遍理解和认可。

从太极拳的理论基础来看，依据清末、民国时期的经典太极拳理论的具体内容，太极拳的理论渊源可追溯到在春秋战国时期——中国第一次文化高峰时期产生的道家思想，这是没有问题的。而由太极拳功法、套路等内容构成的丰富的技术体系也必然在古代经历了一个较为漫长的发展过程①。如此推测，太极拳的起源时间很可能要远远早于明末，而且太极拳的创造过程必然体现了集体智慧。

太极拳的历史久远是不难推知的事实，但是这一事实却并非最重要的——最重要的是太极拳在中国传统文化环境中实现了哲学与拳学的融合、理论和技术的统一②。太极拳既是中国传统哲学的一种体现和一种验证，又是拳学的一种升华和一种觉悟。

中国传统文化具有鲜明的实践、体验特征，注重通过"行"、结合"行"追求"知行合一"。③太极拳之于中国传统文化，具有一种以体验来实证的重要价值，这也是外国友人通过学习正宗的太极拳能更深入地理解中国传统文化的原因。半月谈网站曾刊文称，太极拳已成为"中华优秀传统文化在世界的通行证"和"中华文化唯一的有形的活的载体"，这并不夸张。④

清末，杨露禅在北京公开传播太极拳，这使得太极拳影响渐远，声望日隆。清末与民国时期，作为武术拳种，太极拳具有且追求技击功能

① 这一过程也包含着太极拳和其他武术拳种的互动。
② 但是想要加深对这种融合和统一的理解，就必须借助体悟经验。
③ 明朝著名思想家、心学的集大成者王阳明说："知是行的主意，行是知的功夫；知是行之始，行是知之成。"王阳明. 传习录全解 [M]. 姜杰华，主编. 北京：团结出版社，2018：16.
④ 王静. 深挖太极拳文化内涵 打造"世界太极城"平台 [N/OL]. (2018-04-24) [2022-06-15]. http：//www.banyuetan.org/chcontent/wh/dt/2018424/249282. shtml.

的特点仍然很明显。但是太极拳验之于世的健身功能则为太极拳的快速发展、传播起到了更大的推动作用。① 中华人民共和国成立之后，国家注重增进人民健康，大力发展体育事业，太极拳的健身功能愈发得到重视。从毛泽东"打太极拳"的指示②到邓小平"太极拳好"的题词③，从周恩来为日本外宾系统介绍太极拳④到温家宝多次与市民一起练习太极拳，不少党和国家领导人努力练习并大力提倡太极拳，这对太极拳的普及、传播起到了不可估量的作用。进入新时代，人民健康事业在国家战略、规划的层面得到空前重视，健身功能突出的太极拳也出现在了重要的文件中。⑤

从国际交流视角来看，太极拳蕴含并传递着中国文化，在一定程度上代表了中国的国家形象。中国注重塑造和保持"文明大国形象、东方大国形象、负责任大国形象、社会主义大国形象"⑥，而文化是塑造国家形象的重要方面，是外来者认知该国国家形象的体验对象，是一个国家形象的基本面容，是一个国家软实力的具体体现。因此，"在努力

---

① 当时，太极拳的健身功能在实践中得到越来越多的证实，同时太极拳也展现了适用人群广、经济简便的优点。

② 1960年，毛泽东在关于卫生工作的一份指示中写道："凡能做到的，都要提倡做体操，打球类，跑跑步，爬山，游水，打太极拳及各种各色的体育运动。"

③ 1978年，邓小平会见日本友人时题词"太极拳好"。

④ 1959年，周恩来在北京体育学院会见日本友人松村谦三时曾谈到太极拳。

⑤ 2016年6月，国务院印发《全民健身计划（2016—2020年）》，文件指出："……扶持推广武术、太极拳、健身气功等民族民俗民间传统和乡村农味农趣运动项目……"；2016年10月，中共中央、国务院印发《"健康中国2030"规划纲要》，提出"大力发展群众喜闻乐见的运动项目，鼓励开发适合不同人群、不同地域特点的特色运动项目，扶持推广太极拳、健身气功等民族民俗民间传统运动项目"。

⑥ 习近平总书记在2013年十八届中共中央政治局第十二次集体学习时提出了中国应有的四个形象。

提升国家形象的过程中，必须特别重视文化建设与文化形象的塑造"①。太极拳运动具有平和有度、沉静内敛、柔中有刚的特点，它可以成为中国国家形象中积极而重要的部分，并通过独特且直观的形式表现中国人民宽厚而坚定的民族性格，增进世界对中国的了解。

二、当前太极拳发展的深层矛盾

当前，太极拳备受推崇，呈现出繁荣发展的局面，但在文化特性的继承、文化传统的保持，特别是在深层思想观念和思维方式的理解和实践方面，太极拳则面临重重困境，呈现出混乱、衰落的发展态势。透过太极拳管理政策、太极拳发展情况可以看到，当前在对太极拳特点、功能的认知和把握方面存在着较为深刻的矛盾关系。对这些矛盾关系的理解和处理关乎太极拳能否走上健康、可持续发展的道路。以下分而述之。

第一，太极拳的大众性与精英性。虽然太极拳的动作并不复杂，但是武术谚语中所说的"太极十年不出门"也并非凭空而来。太极拳易学难精，身法要求细微，强调对身体部位及其运动状态的内在感知和调整。通过精益求精地协调身心以实现身心如一必然是一个漫长的过程，而这一过程可以渗透于生活的各个方面，涵盖着丰富的传统文化内容，因此太极拳练习具有很强的专业性、涵容性。在身体运动中感悟中国传统文化精神最终实现"拳与道合"② 并非人人可为，因此在太极拳历史上，一流拳家屈指可数。总而言之，太极拳既具有适于男女老幼习练的

---

① 杨剑龙. 提升中国国家形象的文化含量［N］. 解放日报，2008-07-29（13）.
② 近代武术家孙禄堂（1860—1933）的观点。

大众性，又具有明显的精英文化性质。

太极拳的快速普及始于民国时期，但当时的太极拳家认为快速普及的背后尚存隐忧。例如，1928 年太极拳家陈微明曾说："太极拳之普及兴盛，可以强种强国，固足欣幸。然又恐其泛滥而失其本源；流动而忘其规矩；溷杂而违其精意；是不可不虑也。"[①] 如今，过度重视外在动作表现的太极拳体操化现象随处可见。虽然人们重视太极拳的文化内涵，但他们只是把太极拳的思想、理论加于其运动形式之上，没有打通身体运动与文化内涵之间的关系。很少有人能认识到太极拳精英文化性质的一面，能够领会太极拳高深境界的太极拳家的数量与太极拳练习者的数量不成比例。

第二，太极拳功能的多元合一与单一化发展。近代传承的太极拳表现出比较明显的武术拳种特点，即具有且追求技击功能。同时，太极拳的健身功能被人们越来越多地了解和宣扬。太极拳发展史显示，技击和健身是太极拳的基本功能，同时太极拳也具有修养心性的功能和艺术鉴赏的价值。传统哲学特别是道家哲学认为，"道"化生、主宰万物。"自然""无为"的道是"众妙之门"，能够"无尤"，"无不为"，"无不治"。在"道"论视野中，太极拳的多元功能是共生于一体的，它们来源并统一于太极拳之道，太极拳之道也与宇宙天地的大道相通。正如太极拳家陈鑫（1849—1929）所说，"虽曰拳为小道，而太极之大道存焉"[②]。

中华人民共和国成立之后，太极拳的健身功能得到充分重视，与此

---

① 陈微明. 陈微明太极拳遗著汇编 [M]. 北京：人民体育出版社，1994：171.
② 陈鑫. 陈氏太极拳图说 [M]. 陈东山，点校. 太原：山西科学技术出版社，2006：78.

同时，太极拳的表演功能也获得长足发展，特别是改革开放之后，在舞台上、赛场上及影视作品中都大量出现太极拳的身影。但是数十年来，太极拳的技击功能却受到较为明显的抑制和冲击，太极拳多元功能的共生关系在很大程度上瓦解了，出现了健身功能和表演功能的单一化发展趋势。在"道"论视野中，太极拳各功能互相制约、互相促进，人们追求多元功能在高水平上的综合平衡。如果各功能脱离了综合平衡的共生关系，那就会引发对太极拳是否还能保持本色，是否还能达到理想效果的思考。例如，太极拳的技击功能不但是确定太极拳招式规范的依据，而且是太极拳轻灵沉着、支撑八面的演练风格的依据。如果放弃了对技击功能的追求，太极拳动作就缺少了标准，练习者就难以理解和处理稳定与变转、和缓与运劲等问题，多种运动关系也就难以达到和谐统一，从而限制了太极拳健身功能的发挥。太极拳的表演功能也是如此，多元功能共生下的太极拳艺术性是含蓄内敛、生机勃勃、攻防兼备、不露痕迹的艺术性，是包含了健身、技击功能的艺术性，而舞台上、赛场上常见的太极拳以追求动作表现的难度和美观为主，这与传统太极拳的基本思想和特点有一定出入。

第三，太极拳理论与实践内容的丰富与纷乱。在太极拳申遗成功之后，《瞭望》杂志刊文指出，当今太极拳发展面临的第一大掣肘是"流派纷繁复杂，和而不统"①。正统太极拳的传承讲究流派师承，但目前社会上除了陈式、杨式、孙式、吴式、武式、赵堡等主要流派外，还有数不胜数的影响相对较小或新创的流派。各流派之间发展不平衡，同一

---

① 桂娟，袁月明. 申遗成功后，这项传统武术依然面临发展困境？［N/OL］.（2021-01-12）［2022-06-15］. https：//baijiahao. baidu. com/s？id＝1688671204500078422.

流派在不同地区之间的发展状况也有很大的差别。

太极拳是武术中最为普及的拳种，其历史遗产非常丰富。"太极"哲学与拳学的结合产生了太极拳，而太极拳又因不同传人在身心条件、理解领悟能力、个人所长等方面的区别，形成了不同的技术规格、体系和风格，加上中国疆域广大、历史绵长，各地交通联系不便，并且太极拳练习者长期缺少公开交流的统一平台，所以太极拳理论、技术丰富，流派众多。这是太极拳博大精深的表现，值得引以为傲，但它也给太极拳历史遗产的整理、运动体系的整合带来了巨大的困难，并进一步影响了太极拳的推广和传播。从跆拳道、空手道等项目的国际化传播经验来看，对体育项目的运动体系进行简明化整合是其发展的必经之路。对太极拳而言，目前仍缺少动力和机制来推动这一过程，而且各太极拳流派之间也存在着一些地方、家族的复杂利益关系，因此太极拳运动体系的整合面临着较大的困难。

第四，太极拳技击功能既被一些传承者珍视、追求，也在社会舆论中被污名化。清末以来，传说中"太极拳大师"出神入化的功夫、经典拳论中"引进落空""四两拨千斤"的神奇境界一直被部分太极拳练习者虔诚地推崇和追求。然而，太极拳近些年所遭受的危机都和太极拳技击功能实际表现与传说、经典拳论形成的巨大反差有关。闫芳等太极拳伪大师夸张玄虚却不堪一击的表现引发大量关注和群嘲，太极拳的技击功能被强烈质疑。

这既是一个行业生态问题，也是一个大众传播现象。少数太极拳伪大师的恶劣表现使整个行业被污名化。另外，这也体现出互联网时代大众传播具有的非理性特点。例如，虽然网络上早就流传着张伟丽[①]等权威人士肯定太极拳具有独特技击价值的视频或其他资料，但是人们对其的关注程度远远低于太极拳伪大师制造的闹剧。

当前，太极拳技击功能的退化已是不争的事实。这一问题成因复杂，既有历史原因，又有现实原因，还涉及太极拳与现代竞技体育的关系问题。

中华人民共和国成立之后，党和政府主要着眼于开发、推广太极拳运动的健身功能，而非继承、发展其技击功能。在竞技体育占据瞩目位置的今天，太极拳的技击功能没有使太极拳发展成具备观赏性并保留传统特色的现代格斗类竞技体育项目，也没有使其形成由专业团队从事职业训练和比赛的发展模式。当前，还没有产生适合专门展示太极拳技击功能的理想的格斗类竞技体育项目。太极拳伪大师自不必论，有一定水平的太极拳家多处于业余练习状态，他们大多不了解拳击、散打等格斗类竞技体育项目的特点，也缺乏相关比赛经验。总之，传承衰微的太极拳技击功能仍然停留在民间业余、前竞技化的状态。

总体而言，当今太极拳的传统出现了一定程度的断裂和耗散，整理、继承传统是太极拳发展的首要任务，是支撑太极拳长期健康发展最重要的力量。如实、完整地认识太极拳传统，并普及、实践相关认识具有重要的意义。

---

① 张伟丽是中国首位，也是亚洲首位终极格斗冠军赛（综合格斗运动的顶级赛事）女子世界冠军。她认为太极拳的技击功能有特色、价值大、长处多，并主张尽可能对其进行吸取、融合。

第二节　太极拳的传统身体知识
与民国时期太极拳图书文献

　　从太极拳史来看，太极拳的基本功能是健身和技击——太极拳是有目的、有意识地追求健身功能和技击功能的身体运动。从身体知识的角度审视太极拳传统，能够更加深入、全面地理解太极拳运动的理论基础，把握太极拳传统的要义所在。民国时期的太极拳图书文献具有丰富而权威的内容，它们较为具体、通俗、系统地阐释了太极拳的传统身体知识，并且在民国时期科学大潮的影响下，这些传统身体知识第一次和近代自然科学产生了联系。借由考查这种联系，我们能够对两者各自的性质、特点及双方关系有更深入的认识。

一、"太极拳的传统身体知识"有关解析

　　为了追求健身功能和技击功能，太极拳研究者在身体运动过程中力求有效地理解身体、改善身体和利用身体——身体既是运动的主体又是运动的客体。太极拳研究者对身体的认识是从太极拳实践中获取并在太极拳实践中得到验证的，同时他又将这种认识用于太极拳实践，所以文中用"太极拳的"这一定语对这种身体知识加以说明和限定。这种身体知识受到中国传统文化环境的深刻影响，并且与近现代科学中的相关知识有显著不同，所以文中又用"传统"一词加以说明和限定。①

————————————

①　中医学、养生学中的传统身体知识在中国传统身体知识中占有很大的比重。武术蕴含的传统身体知识也在中国传统身体知识中占有一席之地。武术各拳种中，太极拳最为普及，传统理论研究最为充分，所以其蕴含的传统身体知识也相应地最为丰富。

太极拳的传统身体知识是太极拳理论中重要且基础的部分，太极拳实践的展开和功能的实现都是以对太极拳的传统身体知识的认识为基础的。同时，理解太极拳的传统身体知识也是理解太极拳的内涵、历史和现状的重要途径。

太极拳的传统身体知识重在探索实现健身功能、技击功能的身体运动机制①，并且这种探索会在身体机能、身体构成的层面上进行拓展和深化。因此，身体和运动的密不可分以及着力探求实现健身功能、技击功能的身体运动机制，是太极拳的传统身体知识的显著特点。从具体的内容看，太极拳的传统身体知识包含对身体某些器官和部位的认识，身与心的交互作用机制，太极拳身体运动的方法、过程、特点，太极拳运动对身体的改善，技击双方的身体关系等方面的内容。

需要特别注意的是，与西方哲学重要的理论预设前提——身心二分截然不同，尽管中国古人有时也将身体相对地划分为形、神两个层次或形、气、神三个层次，但是中国传统文化却持有一种彻底的身心如一的身体观②：在身心和合中讲分别，合中有分、分则仍合。不存在与心无关的"身"，也不存在把形躯、欲望、情感都剔除掉的"心"，身心的互渗、交融与转化才是其身体观的主要脉络③。对此，国内外研究者皆持统一的观点。日本学者汤浅泰雄认为，东方包括印度、中国、日本在内，其民族所持身体观的突出特点是"身心合一"。④ 美国著名中国哲

---

① 太极拳家既研究一般的身体运动机制，又研究太极拳的身体运动机制，他们认为太极拳的身体运动机制具有优势。

② 张再林. 中国古代身体观的十个面相［J］. 哲学动态，2010（11）：35-38.

③ 韩星. 论儒家的身体观及其修身之道［J］. 哲学研究，2013（3）：61-68，79.

④ 汤浅泰雄. 灵肉探微：神秘的东方身心观［M］. 马超，等，编译. 北京：中国友谊出版公司，1990：8.

学史家安乐哲也认为，中国哲学中的"身体"是一种"身心互渗的过程"。① 太极拳的传统身体知识也全面贯彻了这种身心一元的身体观。需要另外说明的是，太极拳的传统身体知识对人的精神现象的关注和探索是从精神现象的自然属性、共性特征而非社会关系、个性特征的角度着眼的。

二、民国时期太极拳图书文献概况

民国时期太极拳图书文献在太极拳历史上占有重要地位，它是研究太极拳的传统身体知识的重要素材。

在民国时期，面对民族危亡的时局，太极拳因被认为是一种可以强健国民身体的运动而受到了空前重视，迎来了前所未有的大发展：政要名人推介太极拳，太极拳流派、名家纷呈，官方或民间举办大量太极拳培训，太极拳相关出版物数量众多。民国时期既是太极拳快速传播和发展的黄金时期，也是太极拳理论研究的黄金时期。

在民国时期，由传统的太极拳手抄本形式向现代太极拳图书出版形式的转变已基本完成，太极拳家们受到民族热情的鼓动纷纷将所藏秘谱、所学技艺以图书出版的形式公开传播。太极拳图书的作者群体中汇集了众多社会精英，他们一般都具有正统的太极拳师承，其中的不少人还耗费数十年的时间和精力潜心研究太极拳，并在深厚的实践基础上著书立说。太极拳图书的作者群体中不乏精通传统文化、具备开阔研究视野的高级知识分子。因此，民国时期的太极拳图书具有很高的权威性。

---

① 安乐哲．自我的圆成：中西互镜下的古典儒学与道家［M］．彭国翔，编译．石家庄：河北人民出版社，2006：469.

民国时期的太极拳图书不仅忠实地记载了各流派标志性套路动作的衍变过程和最终定型，而且构建了较为完备的太极拳技术和理论体系：在技术层面上明确了太极拳的技术特点，丰富和总结了包含功法、套路在内的较为完备的技术体系，厘清了技术练习的顺序、要点等；在理论层面上全面整理、阐释、拓展了传统理论，同时开始借助近代自然科学知识阐释太极拳理论。因而，民国时期的太极拳著作具有很高的文物价值、史料价值和学术价值。① 民国时期太极拳图书的书目见表1-1。

表1-1　民国时期太极拳图书的书目②③

序号	主要责任者	题名	出版年	出版地与出版者
1	关百益	太极拳经	1912 年	—
2	—	太极拳术汇解	1912 年	—

---

① 周庆杰. 民国时期太极拳著作的主要特点及其历史价值研究［J］. 体育科学，2008（2）：68-72，92.

② 谢建平. 民国时期太极拳专著出版述论［J］. 体育文化导刊，2011（9）：139-143. 虽然目前研究者已经提供了若干民国时期太极拳图书的书目，但是对民国时期太极拳图书的文献整理、统计工作进行得还不够充分，并未达到完善的程度。例如，周庆杰统计的民国时期太极拳图书的书目中共列图书71种，但是作者并未说明其文献信息来源，而且其中有34种图书的出版信息不完整，应是作者并未见到这34种图书的原本。谢建平通过翻阅中国国家图书馆、上海市图书馆、上海体育学院图书馆、复旦大学图书馆、湖北省图书馆收藏的民国时期太极拳图书，并根据其中引用的太极拳文献信息，统计得知民国时期太极拳图书共有56种，该结论较为可靠。

③ 近年来，民国时期太极拳图书文献的出版工作取得进展。汇编武术资料的《中国武术大典》共收录了40种民国时期影印版太极拳图书，是全文收录民国时期太极拳图书最多的武术丛书，并且其中收录的40种图书均为较常见、影响较大的太极拳图书。何欣伟主编的《妙谛传心：太极拳经秘谱汇宗》《神运无方：太极拳论秘谱汇宗》《微言大义：太极拳解秘谱汇编》尽力收集中华人民共和国成立之前的太极拳图书的资料，按照经、论、解的结构成书3册，节录、汇编了大量民国时期太极拳图书的内容。晚近出版的民国人物的文集中也包含了一些写于民国时期、以手抄本形式流传但未公开出版的太极拳读物，最典型的当属向恺然文集中的《太极径中径》和徐震文集中的《太极拳发微》。

序号	主要责任者	题名	出版年	出版地与出版者
3	—	太极拳宗谱	1912 年	—
4	许禹生	太极拳势图解	1921 年 1925 年再版 1929 年三版 1931 年四版 1934 年五版	北平：体育研究社
5	孙福全	太极拳学	1924 年 — 1929 年三版 1936 年四版	上海：中华书局
6	陈微明	太极拳术	1925 年	上海：致柔拳社
7	陈子明	陈氏拳械汇编	1920 年左右	—：编者自刊
8	陈秀峰	太极拳真谱	1920 年左右	—：编者自刊
9	王新午	太极拳法阐宗	1927 年	—：编者自刊
10	徐致一	太极拳浅说	1927 年 1931 年再版	上海：太极拳研究社
11	陈微明	太极剑	1928 年	上海：致柔拳社
12	陈微明	太极答问	1929 年	上海：致柔拳社
13	吴鉴泉	太极拳图	1929 年	上海：九福公司
14	—	太极拳全图	1929 年	上海：九福公司
15	姜容樵 姚馥春	太极拳讲义	1930 年 1934 年四版	上海：上海武学书局
16	唐范生 朱国福	太极拳与内家拳	1930 年	上海：上海武学会
17	马永胜	新太极拳书	1931 年 1931 年再版	苏州：编者自刊
18	杨澄甫	太极拳使用法	1931 年	上海：神州国光社

续表

序号	主要责任者	题名	出版年	出版地与出版者
19	吴图南	科学化的国术太极拳	1931 年 1933 年再版	上海：商务印书馆
20	金倚天	太极剑图说	1931 年	上海：武侠社
21	褚民谊①	太极操	1931 年 1932 年再版 1934 年三版	上海：大东书局
22	陈子明 刘丕显 朱国福	陈氏世传太极拳术	1932 年	上海：中国武术学会
23	田镇锋	太极拳讲义	1932 年	济南：健康实验学社
24	万籁声	原式太极拳图解	1932 年	长沙：湖南国术训练所
25	陈鑫	陈氏太极拳图说	1933 年	开封：开明书局
26	金倜生	太极拳图说	1933 年	上海：武侠社
27	彭广义 张思慎 编	太极拳详解	1933 年	一：编者自刊
28	蔡翼中	太极拳图解	1933 年	上海：吴承记印书局
29	李先五	太极拳	1933 年	南京：编者自刊
30	杨澄甫	太极拳体用全书	1934 年	上海：大东书局
			1948 年再版	上海：中华书局
31	于化行	武当真传太极拳全书	1934 年	济南：叔恭制版社
32	陈振民 马岳梁	吴鉴泉氏的太极拳	1935 年 1942 年再版 1948 年四版	上海：康健杂志社

① 褚民谊（1884—1946），汉奸，曾为汪精卫伪国民政府要人，后以汉奸罪被枪决。此处仅著录其太极拳专著。

续表

序号	主要责任者	题名	出版年	出版地与出版者
33	唐豪	戚继光拳经	1935 年	上海：中国武术学会
34	武汇川 校阅	太极拳谱	1935 年	上海：汇川太极拳社
35	马永胜	新太极剑书	1935 年	苏州：编者自刊
36	陈绩甫	陈氏太极拳汇宗	1935 年	南京：青年会仁声印刷局
37	杜育万	太极拳正宗	1935 年	开封：编者自刊
38	李亦畬 辑著	李氏太极拳谱	1935 年	太原：—
39	吴公藻	太极拳讲义	1935 年	上海：鉴泉太极拳社
40	唐豪	王宗岳太极拳经 王宗岳阴符枪谱	1936 年	上海：中国武术学会
41	黄文叔	杨家太极拳各艺要义 武术偶谈	1936 年	上海：国术统一月刊社
42	卜人杰	太极拳练法的十二个基本要则	1936 年	上海：联合编译社
43	吴志青 编	太极正宗	1936 年	上海：大东书局
			1943 年再版	昆明：云南印刷局
44	吴图南	太极剑	1936 年	上海：商务印书馆
45	顾舜华	太极操特刊	1936 年	上海：永祥印书馆
46	徐震	太极拳谱理董辨伪合编	1937 年	南京：正中书局
47	徐震	太极拳考信录	1937 年	南京：正中书局
48	顾舜华 编	太极操教本	1941 年	上海：三通书局
49	陈炎林	太极拳刀剑杆散手合编	1943 年	上海：国光书局
50	黄元秀	太极要义	1944 年 1945 年再版	重庆：文信书局
51	李寿筏	武当嫡派太极拳术	1944 年 1946 年再版	南京：业余太极拳社

续表

序号	主要责任者	题名	出版年	出版地与出版者
52	吴志青	太极拳正宗源流	1945 年	昆明：致文印刷铸字所
53	宋史元	太极蕴真	1947 年	青岛：敬修书局
54	葛馨吾	太极拳之研究	1947 年	武功①：国立西北农学院国术学会
55	董英杰	太极拳释义	1948 年	香港：商务印书馆
56	黄寿宸　编	太极拳的理论与实际	1948 年	上海：永嘉出版社

注：主要责任者项未标注"编""校阅""辑著"者，均为"著"。

民国时期，一方面，太极拳的传统身体知识仍然占据统治地位，对其进行阐释的一些重要图书相继问世；另一方面，传播太极拳的需要以及科学大潮的影响使太极拳的传统身体知识的演进和发展面临着新情况，出现了新面貌——研究者对太极拳的传统身体知识的阐述更加具体、通俗和系统，日渐普及的近代科学知识与太极拳的传统身体知识之间产生了复杂的关系。可以说，民国时期的太极拳图书更加具体、通俗、系统地总结和展示了太极拳的传统身体知识，同时太极拳的传统身体知识也第一次受到近代科学的影响，前所未有地和近代科学发生了联系。

---

① 出版地的详细地址为陕西武功张家岗，今属陕西省咸阳市杨凌区。为保留古籍原貌，此处将出版地简写为"武功"。

第三节　民国时期五人太极拳著作的
选取与研究框架

一、关于民国时期五人太极拳著作的选取

前文介绍了民国时期太极拳图书的出版情况，实际上，当时登载在各种有关体育、武术的大众报纸或杂志上的太极拳论文也不在少数，但其篇幅有限，水平参差不齐，在系统、充分地反映太极拳的传统身体知识方面的价值明显逊色于太极拳图书；而且对民国时期报纸杂志中的太极拳论文进行统计整理的工作量巨大，也缺少前人统计整理的工作基础。基于这两方面原因，将研究对象的范围缩小至民国时期的太极拳图书，明显具有更大的研究价值和研究可行性。此外，有的太极拳图书选取、辑录的民国时期的一些重要太极拳论文也在研究对象之列。本研究将被列为研究对象的民国时期的太极拳图书和图书中的重要论文总称为"著作"①。

本研究在前人工作的基础上，共搜集民国时期出版的太极拳图书51 种和撰写于民国时期而在民国之后出版的太极拳图书 3 种。② 在充分了解这些太极拳图书的内容后，本研究从中选取 5 名作者的 9 种太极拳

---

① 著作指用文字表达意见、知识、思想、感情等的作品。
② 民国时期出版的 51 种太极拳图书即表 1-1 中排除序号 1、2、3、28、34 后剩下的图书，撰写于民国时期而在民国之后出版的 3 种太极拳图书均未见于表 1-1。

著作进行研究，其出版信息见表1-2。

表1-2 9种民国时期太极拳著作的出版信息

主要责任者	题名	著作形态	出版地与出版者	出版年
陈微明	太极拳术	图书	上海：致柔拳社	1925年
	太极剑	图书	上海：致柔拳社	1928年
	太极答问	图书	上海：致柔拳社	1929年
胡朴安	论太极拳在体育上之价值	论文，收录于《太极正宗》一书	上海：大东书局	1936年
向恺然	太极径中径	图书，收录于《神运无方：太极拳论秘谱汇宗》一书	北京：人民体育出版社	2015年（撰于1943年）
	向恺然序	序言，收录于《太极拳讲义》	上海：鉴泉太极拳社	1935年
	练太极拳之经验	论文，收录于《太极正宗》一书	上海：大东书局	1936年
徐震	太极拳发微	图书，收录于《太极拳谱笺·太极拳发微·太极拳新论》一书	太原：山西科学技术出版社	2006年（撰于1941年）
郑曼青	郑子太极拳十三篇	图书	台北：时中拳社	1950年（撰于1946年）

这5名作者的9种太极拳著作是如何被确定为研究对象的呢？本研究选择研究对象的标准如下。

第一，选择专门进行太极拳的传统身体知识研究或是该内容占主体的著作。

民国时期大多数太极拳图书以教授外显的运动技能为目的，因此演示、介绍动作技法是很多太极拳图书的主体内容，专门进行太极拳的传统身体知识研究或是该内容占主体的太极拳图书并不多。另外，民国时期很多太极拳图书辑录已有的太极拳经典理论，造成一些内容反复出现，本研究并不关注这种不具有创新意义的理论内容。民国时期的太极拳图书中有一部分是关于太极拳历史考证的专著，这类著作也与本研究无关。

第二，选择较为具体、充实、系统地阐释太极拳的传统身体知识内容的著作。

民国时期，被辑录频率较高、较为经典的太极拳图书当推《王宗岳太极拳论》《太极法说》《太极功源流支派论》3 种①。这些清末已秘传于部分太极拳练习者之间的太极拳理论，在太极拳成时代热潮和出版业飞速发展的社会背景下，得以披露和广泛地传播。这 3 种图书曾在民国时期完整或零散地出版，其中的某些内容更是在民国时期的太极拳著作中被频繁地辑录。但是这些经典太极拳理论撰写的年代都早于民国时期，有关作者身份的信息极为匮乏。而且对于本研究来说，更重要的是，涉及这些理论内容的章目分散，篇幅短小，文字简省模糊，内容系统性不强，其本质上是实践水平非常高的太极拳家对自身某些体悟经验"自说自话"式的描述。由于这种模糊性、简约性、多义性，甚至是隐

---

① 关于这 3 种图书的名称、作者、成文年代、刊行情况等，今人二水居士的梳理、考证较为翔实可靠，可参看以下 3 种图书中的相关内容：李亦畬. 王宗岳太极拳论 [M]. 二水居士，校注. 北京：北京科学技术出版社，2016；佚名. 太极法说 [M]. 二水居士，校注. 北京：北京科学技术出版社，2016；宋书铭. 太极功源流支派论 [M]. 二水居士，校注. 北京：北京科学技术出版社，2016.

秘性，研究者对这些太极拳理论的解读存在很大的不确定性，梳理其中的身体知识更加困难。本研究并未选取这些广泛流传于民国时期的经典太极拳理论作为研究对象，这正如民国时期的学者胡朴安在论述太极拳拳理时的做法："不用拳术上流行的术语或歌诀，做模糊影响之言。"①

与上述 3 种太极拳图书相比，本研究选为研究对象的 5 名作者的 9 种太极拳著作在当时的时代背景下具有新的特点。面对民族危亡的时局，为了通过推广太极拳强健民众身体，这些研究者力求著作可读易懂，并在阐释太极拳的传统身体知识时注重通俗性、具体化。此外，胡朴安、向恺然、徐震、郑曼青努力构建完整的太极拳理论体系，使太极拳的传统身体知识具有了更明显的系统性特点。5 名作者受到了民国时期科学大潮的影响，在著作的整体思路和语言表达方面注重逻辑性、准确性，并且向恺然、徐震、郑曼青对已经传入和正在普及的西方近代科学中有关身体的知识做出了一定的回应。②

第三，选择兼具较高文化素养和太极拳实践水平的作者的著作，作者基本情况见表1-3。

表1-3 5位作者的基本情况

作者姓名	文化素养的主要标识	太极拳实践水平的主要标识	传播太极拳的主要业绩
陈微明	清末举人、《清史稿》纂修者之一	杨澄甫弟子，有与人公开切磋的事迹	开办致柔拳社，促进太极拳南传

---

① 胡朴安. 论太极拳在体育上之价值［M］//吴志青. 太极正宗. 上海：上海书店，1982：194-201.

② 民国时期的一些太极拳家，如陈鑫、孙禄堂、杨澄甫，也都撰有重要的太极拳著作，但从身体知识角度考查，这些著作并不适合作为研究对象。

作者姓名	文化素养的 主要标识	太极拳实践水平的 主要标识	传播太极拳的 主要业绩
胡朴安	朴学大家、著名报人，著作等身	陈微明弟子	协助致柔拳社推广太极拳
向恺然	近代留学生文学开创者，近代武侠小说鼻祖	与吴鉴泉、吴公藻、吴公仪过从甚密，求访广泛	创办湖南国术训练所和湖南国术俱乐部，培养了众多人才
徐震	古典文学专家，历任多所大学教授，章太炎弟子，精于武术史研究	郝月如弟子，求访广泛，有与人公开切磋的事迹	创立正德国技学社
郑曼青	著名国画家、中医学家、诗人、经学家，著作等身	杨澄甫弟子，有与英美士兵公开切磋的事迹	在台湾创立时中拳社，在纽约创办太极拳学社，学员众多

　　本研究所关注的 5 位作者都是民国时期的文化精英，他们在传统文化素养以及眼界见识方面都有着突出表现：他们对太极拳的传统身体知识所依托的传统文化语境非常熟悉；他们能以更加系统、准确、明晰的思路和语言来论述太极拳的传统身体知识；他们能觉察到太极拳的传统身体知识在新的历史时期所面临的新情况、新问题，并在著作中予以反映。在太极拳实践方面，他们都通过传统太极拳的正式师承习得要领，大都具有丰富的寻访师友、参学切磋的经历，陈微明、向恺然、徐震、郑曼青还组织过太极拳培训，并在期间直接参与太极拳的教学工作。依据各种资料，我们能够确定五人的文化素养、太极拳实践都达到了很高

的水平①，他们为传播太极拳做出了巨大贡献。五人在太极拳理论研究方面产出了一批具有一流水准的重要成果，五人太极拳理论在整个民国时期的太极拳理论研究中具有重要的地位和相当的代表性。

第四，选择较为少见、研究较少的太极拳著作。向恺然的《太极径中径》、徐震的《太极拳发微》虽在民国时期写成，但并未公开出版，长期以手抄本的形式流传。依据可查找的信息，这两本著作分别于2015年和2006年才首次公开出版，它们内容充实，内涵丰厚，体例完整，具有很高的理论水平，并且与太极拳的传统身体知识有密切的关系，但是目前很少有人关注它们。郑曼青的《郑子太极拳十三篇》最早于1950年出版于台湾。大陆关注郑曼青及其《郑子太极拳十三篇》的人非常少。此外，其他6种著作也没有得到足够的重视。

二、关于研究框架

虽然五人对太极拳的传统身体知识的认识有明显不同，但这五人的认识之间存在相互影响，特别是在作为杨式太极拳传人的陈微明、胡朴安、郑曼青之间，不过这种相互影响是有限的或模糊的。五人总结与阐述的太极拳的传统身体知识的具体内容在时间上没有严格的积累、变革或发展的关系，他们的阐发主要依赖于个人的实践和感悟，因此五人拥有的太极拳的传统身体知识具有依附于人的点式分布特点。但是从整体上看，五人拥有的太极拳的传统身体知识在内容上又表现出较强的相关性。

---

① 拳术照片上呈现的陈微明、徐震、郑曼青的身体状态，较充分地体现了三人的拳术水平。

　　根据 1935 年出版的《太极拳讲义》的序言以及 1936 年出版的
《太极正宗》所收录的《练太极拳之经验》可知，向恺然的身体知识系
统已经基本形成；在陈微明、胡朴安、向恺然、徐震、郑曼青的理论
中，身体知识因越来越多地被置于太极拳理论基础的地位而受到重视。
除了对身体运动机制的探讨，他们对身体构成、身体机能等方面的认识
也越来越深刻，进而对身体知识的阐释愈加完整深入，阐释的理论性明
显增强，并且越来越多地包含近代科学因素。

　　五人对太极拳的传统身体知识的认识存在上述关系，这是本研究以
人物为中心、基本按照理论提出的时间顺序确定研究主体框架的依据。
另外，因陈微明与胡朴安具有师承关系，且胡朴安只有一篇太极拳论文
被列在研究对象之列，所以后文将对二人著作的研究并为了一章。

　　太极拳是一种实践文化，太极拳的传统身体知识来自太极拳实践，
并且太极拳的传统身体知识与中国传统文化的思维方式、核心概念有紧
密的关系。应该说，为了准确解读太极拳的传统身体知识，具有一定的
太极拳实践水平以及对传统文化有较为深入的理解是必不可少的条件。
本研究的作者坚持练习传统太极拳多年，同时保持着研读传统文化经典
的习惯；在研究过程中，力求结合太极拳实践和传统文化语境，准确解
读五人太极拳著作中的身体知识。

第二章

陈微明与胡朴安：趋向系统的身体知识

陈微明强调太极拳的基础是道家哲学，但他并没有围绕道家哲学构建完整的太极拳理论系统。陈微明从太极拳实践中的重要问题出发，以明晰的思路和语言论述了太极拳运动机制中的某些问题，其中，对意、气的阐释涉及身体构成、身体机能的层面。

陈微明提出的腹部在身体运动中具有核心作用的观点被他的弟子胡朴安继承和发展。胡朴安以此为基础和线索对太极拳的主要理论问题做了整合与梳理，其逻辑性甚强，形成了一个简明的认识体系。但是胡朴安的理论非常简略，对一些重要理论问题并未展开探讨。

第一节　陈微明、胡朴安及二人太极拳著作基本情况

陈微明（1881—1958），原名曾则，字慎先，号微明，今皆称其号，湖北蕲水（今湖北浠水）人，学者，太极拳家。1913 年，陈微明任清史馆纂修之职，是《清史稿》的作者之一，著有《海云楼文集》。①②

---

① 刘飘. 鄂东状元陈沆研究［M］. 武汉：武汉大学出版社，2016：34.
② 陈微明. 陈微明武学辑注：太极拳术［M］. 二水居士，校注. 北京：北京科学技术出版社，2016：1-9.

1917 年，陈微明拜入杨式太极拳第三代嫡传杨澄甫①门下，从学八年；1925 年，他南下上海，创办致柔拳社，随着拳社规模不断壮大，苏州、广州等地也相继设立分社。此外，他曾应邀到台湾、香港等地授拳，为太极拳在中国南方地区的传播做出重大贡献。为了总结太极拳学和辅助拳社教学，陈微明先后撰写了《太极拳术》《太极剑》《太极答问》三部著作，它们在民国时期多次重印，影响极大。②③ 同时代的武术家吴志青曾盛赞陈微明："广事授徒，大有孔门之盛况，并著《太极拳术》一书，风行全国。盖此时代可谓太极拳之黄金时代也。"④

陈微明的三部著作皆由致柔拳社发行，中华书局印刷。《太极拳术》和《太极剑》分别于1925 年和1928 年出版问世，两者都以图文结合的形式对动作套路进行了介绍，但是其中也包含了一部分重要的理论内容。《太极答问》出版于 1929 年，分为太极拳之姿式、太极拳之推手、太极拳之散手、太极拳之劲、太极拳之导引及静坐法、学太极拳之体格及成就、太极拳之效益、太极拳之单式练法 8 个部分，皆回答了练习者的疑问，书中理论阐释分量较重且具有一定的系统性。

陈微明在《太极拳术》《太极剑》中三次提到，其著作是记录杨澄甫的口授内容而成的。另外，《太极拳术》中明确注明《太极拳术十要》一文是由杨澄甫口授、陈微明笔录的。陈微明在《太极答问》中

① 杨兆清（1883—1936），字澄甫，河北永年人，为杨式太极拳创始人杨露禅的嫡孙，著名杨式太极拳家。
② 余功保. 中国太极拳辞典 [M]. 北京：人民体育出版社，2006：62-63.
③ 魏权. 陈微明师门简介 [C]//浙江省武术协会. 第五届全国杨式太极拳名家传人学术研讨会文稿汇编，2007：119.
④ 吴志青. 太极正宗 [M]. 上海：上海书店，1982：3.

还提到他曾在杨澄甫外出时从学于杨少侯①三个月。综上，陈微明的太极拳理论纯粹来自杨氏，主要承自杨澄甫，亦承自杨少侯。同时，陈微明"代师著述"的说法明显含有尊师重传的道德、礼仪成分。杨澄甫始终致力于练拳授拳，文化水平有限。三部著作中，陈微明为杨澄甫的口授内容进行了文辞润色，并且其中的理论建立在陈微明个人的实践和思考基础之上。例如《太极拳术》中的太极合老说，反映出陈微明深厚的国学积淀和深刻的实践感悟的融合。而《太极答问》中设问之丰富细致、回答之准确严谨，显然是陈微明的个人风格。因此，陈微明的太极拳理论源自杨氏家传太极拳，而其形成的基础则是陈氏的实践感悟、文化思考。

胡朴安（1878—1947），原名有忭，学名韫玉，字仲明，后改字朴安，以字行于世，安徽泾县人，著名报人、经学家和训诂学家。一生留下的著作多达百余种，如《校雠学》《六书学》《文字学研究法》等。②③

胡朴安曾加入致柔拳社，跟随陈微明学习太极拳，是致柔拳社第二届毕业社员，深受陈微明影响而大力提倡太极拳。胡朴安的太极拳理论与实践均达到一定水平，他曾担任民国"六运会"的武术裁判。胡朴安常常为提倡太极拳运动做义务演讲。在江苏省政府工作时，胡朴安曾在警官学校考察，并做了以"国术与道德"为题的长篇演讲，宣传练

---

① 杨兆熊（1862—1929），字梦祥，晚年自号少侯，为杨澄甫胞兄，杨式太极拳名家。
② 戎毓明. 安徽人物大辞典［M］. 北京：团结出版社，1992：236.
③ 邱沛篁，吴信训，向纯武，等. 新闻传播百科全书［M］. 成都：四川人民出版社，1998：1597.

习太极拳对增进人体健康极有效果的观点。①

　　胡朴安所著的《论太极拳在体育上之价值》一文，较为系统、简要地论述了太极拳的名称、运动规律、体育价值等内容，该文被收入吴志青编写的《太极正宗》一书。

第二节　体悟道家哲学的身体运动

　　陈微明在学习太极拳之后，据《道德经》第三十六章内容自号微明，而其创办的致柔拳社是据《道德经》第十章内容而命名的。由此可见，道家哲学在陈微明太极拳理论中的地位。陈微明用道家哲学理解太极拳影响了他的学生和友人，在《太极拳术》卷首的六位名人题词中，也多出现老庄名言。

　　陈微明相信太极拳由道士张三丰发明，但他在著作中并没有对张三丰创拳说展开考证，也没有引述张三丰的有关言论。所以，陈微明对道家哲学的推崇应是出于自身对太极拳的实践感悟，与张三丰创拳说没有必然联系。

　　陈微明把道家哲学当作太极拳的根本指导思想，多次引用道家名言进行阐释，《太极拳术》中的太极合老说是集中引用道家名言诠释太极拳的典型。太极合老说即太极拳合乎老子的哲学，或者说太极拳本身就是老子哲学在身体运动中的表现。太极合老说中共引述《道德经》名

---

① 金仁霖. 胡朴安是太极拳家 [M]// 顾国华. 文坛杂忆：全编二. 上海：上海书店，2015：32-33.

言十余条，与太极拳的身体运动规律——相对，两者的对应关系见表2-1。

表2-1 太极合老说中的《道德经》名言和太极拳身体运动规律的对应关系①

太极合老说中的《道德经》名言	太极拳的身体运动规律
常无欲以观其妙，常有欲以观其徼	与之粘随，观其化之妙，忽然机发，是谓观其徼
有无相生前后相随	左重则左虚，右重则右杳，进之则愈长，退之则愈促
天地之间，其犹橐签乎？虚而不屈，动而愈出	太极无法，动即是法
绵绵若存，用之不勤	绵绵若存者，内固精神；用之不勤者，外示安逸
后其身而身先，外其身而身存	后其身而身先者，彼不动己不动，彼微动己先动也。外其身而身存者，由己则滞，从人则活也
上善若水。居善地，心善渊，事善能，动善时，夫惟不争，故无尤	居善地者，得机得势；心善渊者，敛气敛神；事善能者，随转随接；动善时者，不后不先。太极之无敌惟不争耳
抱一，能无离乎？专气致柔，能婴儿乎？	极柔而至刚，万法而归一
曲则全，枉则直	曲中求直，蓄而后发
将欲歙之，必固张之。将欲弱之，必固强之。将欲夺之，必固与之，是谓微明	太极粘连绵随，不与之抗。彼张我歙，彼强我弱，彼夺我与，然后能张能强能夺
反者道之动	有上必有下，有前必有后，有左必有右
天下之至柔，驰骋天下之至坚	引进落空，四两拨千斤也

---

① 表中内容出自：陈微明. 陈微明太极拳遗著汇编［M］. 北京：人民体育出版社，1994：104-105.

　　以《道德经》为代表的道家哲学著作所描述的化生万物、主宰万物的自然之道是高度抽象和概括的，而太极拳的身体运动是相对具体的。陈微明认为太极拳的身体运动规律——相反相成、柔弱不争、见微知著、因势而变等，既是对太极拳实践经验的总结，又能完全符合和体现自然之道。因此，太极拳的身体运动是对自然之道进行体认、参悟的一个具体途径。例如，"常无欲以观其妙，常有欲以观其徼"强调有、无不可分，从有、无两方面去理解和把握事物的发展都是必要和有益的，陈微明将太极拳技击的情形与之对应：己方没有主动进攻的意图和运动，而是若即若离地随对方进攻的意图、运动而动，最终使对方失去重心、不能自控，这在太极拳中是化，即"无"的方面；在对方失去重心、不能自控之时，己方迅速把握时机，转变意图和运动方式，攻其薄弱，这种主动有为的进攻在太极拳中是发，即"有"的方面。

　　需要说明的是，尽管从外在形式来看，太极拳的身体运动是具体的，但是陈微明表述的太极拳身体运动规律实际上仍是隐微深奥的。如"极柔而至刚""曲中求直"等对太极拳的描述具有相当的抽象性和概括性，它们是对大量身体运动实践、技术要点的一种感悟和归纳。

　　除了原理层面的相通之外，陈微明认为太极拳与道家的身体修炼方法也有紧密联系。例如，太极拳的呼吸方式与道家的先天呼吸相同，太极拳的身体状态要领可用于静坐练习以达到道家静坐的效果。①

---

　　① 陈微明. 陈微明太极拳遗著汇编［M］. 北京：人民体育出版社，1994：197-198.

第三节 《太极拳术十要》中的身体知识

《太极拳术》中的《太极拳术十要》一文提出了练习太极拳的十个要领（以下简称"十要"），即虚灵顶劲、含胸拔背、松腰、分虚实、沉肩坠肘、用意不用力、上下相随、内外相合、相连不断、动中求静。《太极拳术》是最早的杨式太极拳权威著作，加上杨澄甫传授的"十要"后，内容更加全面，涵盖了太极拳实践过程中的重要问题，因此"十要"被奉为杨式太极拳的锻炼准则。该文在民国时期多次被他人引用，其中的身体知识传播和影响广泛。"十要"中四者与身法要求有关，一者明确提出太极拳"用意不用力"的运动特点，其余都强调协调不同的运动关系以形成身体的整体运动状态。

一、身法"四要"的内在依据

"十要"中的"四要"——虚灵顶劲、含胸拔背、松腰、沉肩坠肘是针对身法而论的，即针对身体某些部位在太极拳运动中的应有姿态、状态做出的一种规定，"身法"之"法"为法度、法则之意。① 但是进一步分析陈微明对这"四要"的阐释会发现，他对身体各部位的要求不仅仅体现于相应身体部位本身，还体现为精神意态、气血运行、身体部位联系性的内在依据，这些内在依据决定了身体各部位的应有姿态、状态。这些身法要求的价值一方面在于促使身体内在良好机能状态的形

---

① 可以参见第四章第四节中徐震对于身法的论述。

成，另一方面在于在技击中实现最佳的身体状态。按照陈微明的说法，最佳的身体技击状态是沉稳而敏锐、得力①而灵活。身法"四要"的内在依据、标准及技击价值见表2-2。

表2-2　"十要"中身法"四要"的内在依据、标准及技击价值②

"十要"中的 身法"四要"	内在依据	标准	技击价值
虚灵顶劲	精神意态依据	提起精神，神贯于顶	精神提起，无迟重之虞，身形灵便
	气血运行依据	虚灵自然，用力则使颈部气血不能通流	
含胸拔背	气血运行依据	气沉丹田，挺胸则气拥胸际	气沉丹田③，力由脊发
松腰	身体部位联系性依据	松腰则两足有力，转动灵活	得力而能变化
沉肩坠肘	气血运行依据	两肩端起，则气随之而上	若端肩悬肘，全身不得力，则放人④不远
	身体部位联系性依据	肘若悬起，则肩不能沉	

　　陈微明在阐释身法要求的内在依据时，谈论气运行⑤的内容最多。

---

①　得力：充实有力并能收放自如。

②　表中内容出自《陈微明太极拳遗著汇编》，并尽量引用原文，但为使意义明确，作者在不改原意的前提下，对原文略有调整。

③　可以参见第三章第五节、第五章第二节中向恺然和郑曼青对"气沉丹田"的论述。

④　放人：在太极拳中指将人整体打出、推出。

⑤　陈微明的文中也出现了"气血运行"一词，但据中医理论，气推动血运行，故可以将其归结为气运行。

这里涉及中国传统身体知识中重要的气理论语境。正如太极拳家向恺然所说，"夫气岂惟丹田可至，本来周遍全身，任何部分不容须臾滞塞，滞塞则成偏枯矣。"① 气理论认为气是人身体内运动不息的极细微物质，是构成和维持身体生命活动的基本物质。气越充沛，其运行就越通畅，身体机能就越正常和强大。精神意态和身体部位联系性实际上都是气的功能的某种表现。保持恰当的精神意态和实现身体部位的有机联系最终也是为了促进气的流通和发挥作用。所以身法要求的内在依据可以总括为促进气的畅达运行。陈微明认为，与身法要求相违背的挺胸、端肩等身体姿态对气的运行起到阻碍作用，用力也会使气不能通流，所以上述身体姿态、状态都需要避免。

那么，太极拳家是如何依据气运行的要求确定太极拳的身法要求的呢？身体之气并无可见实体，人们并非以客观实测的手段得知其存在状态。今天，中国人对于气仍有较为敏感的体验。日常生活中，很多人对气色、怒气、火气有感知经验，这与太极拳家对气的内省体察类似，不过太极拳家对气的感知更加敏锐、深入。敏锐深入、反复不断地摸索"身体部位的姿态、状态"与"气的运行状况"之间的联系，有利于总结和确定气运行的要求，并使之成为太极拳的身法要求。

二、关于"用意不用力"

太极拳"用意不用力"的运动特点在清末产生的太极拳经典理论中已有体现，它在陈微明以鲜明直接的表述方式提出后成为太极拳的标

---

① 向恺然．太极径中径［M］∥何欣委．神运无方：太极拳论秘谱汇宗．北京：人民体育出版社，2015：43.

志性理论，同时它也是太极拳的传统身体知识中容易引发争议的内容。所谓"不用力"，指身体在完成站立和太极拳动作之外不使用多余的力量，全身尽量松柔。尽管从客观角度看，在太极拳运动中肌肉紧张的用力现象是必然存在的，但是练习者的主观意图是不用力且力求松柔，而且太极拳练习者能够在练习太极拳的过程中得到不用力的体验。"用意"则是指太极拳练习者在身体尽量松柔的基础上，用意识感受身体各部位的细微运动状态，并加以调控，使身体各部位的运动以一种特定的联系协调、整体地进行。另外，在熟练太极拳动作的基础上将模拟技击的攻防意识加入太极拳的拳架演练过程，以及在技击中强调意识在感受和调控身体各部位运动状况方面的主导作用，也是太极拳强调"用意"的表现。

陈微明以清晰的思路和语言比较系统、深入地解答了通过"用意不用力"的松柔运动可以实现太极拳健身功能和技击功能的原因。

> 练太极拳，全身松开，不使有分毫之拙劲，以留滞于筋骨血脉之间，以自缚束，然后能轻灵变化，圆转自如。或疑不用力，何以能长力？盖人身之有经络，如地之有沟洫，沟洫不塞而水行，经络不闭而气通。如浑身僵劲，充满经络，气血停滞，转动不灵，牵一发而全身动矣。若不用力而用意，意之所至，气即至焉。如是气血流注，日日贯输，周流全身，无时停滞，久久练习，则得真正内劲，即太极论中所云，极柔软，然后能极坚钢也。①

---

① 陈微明. 陈微明太极拳遗著汇编 [M]. 北京：人民体育出版社，1994：12.

陈微明以气血、经络学说为基础，认为松柔运动可以促使经络开放、气血畅通，并在身体之气整体性运动的基础上，促进一种特殊的整体性劲力的形成和增长。松柔运动使人的感知更加敏锐，使人的劲力在"意"的引导下长于变化。这里陈微明将人的经络比喻为大地上的河道沟洫，前者是人体气的通道，后者是自然界水的通道，这种说法与中医理论是一致的，其中体现了中国传统文化自然类比、天人同构的思维方式。"力"和"意"对经络中气的运行有不同影响是太极拳运动的重要理论观点。陈微明认为，主动用力产生的身体紧张会阻塞经络，使气血停滞，并且使全身形成一个紧张、僵硬的整体，这不但对健康不利，而且会使身体无法在技击中产生灵活变化。不用力则使气能够在经络中正常通行，经长期锻炼，身体的气变得充沛畅达，可以受意的指挥循行各处，这反过来又会使气变得更加充沛畅达。

陈微明认为，在技击中，"意"的作用无疑胜过"力"的作用。

二人比手亦犹用兵，多算胜少算，无算者虽勇必败。比手则意多者胜，无意者败，盖彼用之力我知之甚悉，我用之意虚实无定，奇正相生，一意方过二意又发，二意方过三意又发。老子所谓一生二、二生三、三生万物，变化无穷。喜用力者必为力所拘，不能随时随处变化。用意者屈伸自由，纵横莫测。机至发动如电光之闪、炸弹之发。彼虽跌出尚不知所以然。此意之胜于力无疑也。①

陈微明认为，技击时能决定胜负的是对对方的感知、判断及自己的

---

① 陈微明 . 陈微明太极拳遗著汇编［M］. 北京：人民体育出版社，1994：182.

调整、变化等用意因素，外在的攻防手段是用意因素的表现，受"意"的支配并在时间上落后于"意"。不求用意而盲目用力则会使感知受限于身体紧张，出现觉察迟钝、动作变化较慢的情况，练习者只有由松柔入手到能够充分发挥"意"的作用，才能根据对方的情况迅速地应对，抢占先机，取得胜利。

总之，陈微明认为，在太极拳运动中，"意"是身体系统的一种高级机能，应充分发挥其作用。在松柔的基础上用意，无论是对气的通行还是对克敌制胜，都是最为重要的。相反，主动用力对健身功能和技击功能的实现会产生不良影响，应予以避免。当然，"意"无法脱离身体运动单独发挥作用，它应与身体运动紧密、充分地结合——只有在身体松柔运动的基础上，用"意"精微地感知身体、指挥和协调身体运动，"意"才能发挥显著的作用。

三、其他"五要"：协调不同运动关系以形成身体整体运动状态

"十要"中的其他"五要"——分虚实、上下相随、内外相合、相连不断、动中求静，并非必然地指向某个动作或身体部位，而是强调恰当地处理虚实、上下、内外、时间先后、动静的运动关系，使矛盾双方和谐统一，从而形成一种身体整体运动的状态，以实现技击功能或健身功能。在阐释太极拳身体运动机制的过程中，陈微明突出了意识与形体运动的充分结合，这其中也涉及太极拳的身体运动机制与其他类型的身体运动机制相比较的问题。

按陈微明的解释，"分虚实"是指全身重量在两腿、两足上的分配

问题——承担重量多的一方为"实"，另一方为"虚"。但这并不是一个静态问题，也不是一个纯粹客观的问题。在太极拳步法的变化过程中，两腿、两足分别承担的身体重量也在不断变化，"分虚实"强调对这种变化的清晰感知和调控——练习者能够感知两腿、两足在某一时刻承担的身体重量的情况，并能感知和调控太极拳步法变化过程中两腿、两足承担身体重量的此消彼长。虚实能够细微、连续变化，"而后转动轻灵，毫不费力"，反之，就会"迈步重滞，自立不稳，而易为人所牵动"①。

"上下相随"是指身体上下各部位配合关系的问题。陈微明根据经典太极拳理论中"其根在脚，发于腿，主宰于腰，形于手指"② 的说法，将身体运动中脚、腿、腰、手指、眼神的有机配合称为"上下相随"。③"上下相随"是用意识感知身体相应部位并协调其在运动中的配合关系的结果，能专门练习身体上下部位的整体运动。太极拳练习者需要在不断的体验、尝试、修正中，落实腰为主宰、带动身体其他部位运动的要求。

"内外相合"则着重说明身体系统中形体和意识的关系。一方面，意识指挥、协调形体运动；另一方面，意识充分地感知、追随形体运动，意识与形体在运动中互相渗透、完全融合。正如陈微明所说的"神为主帅，身为驱使"，又如"所谓开者，不但手足开，心意亦与之

---

① 陈微明. 陈微明太极拳遗著汇编［M］. 北京：人民体育出版社，1994：12.
② 武禹襄. 十三势说略［M］∥王宗岳，等. 太极拳谱. 沈寿，点校考释. 北京：人民体育出版社，1995：49.
③ 陈微明. 陈微明太极拳遗著汇编［M］. 北京：人民体育出版社，1994：12-13.

俱开。所谓合者，不但手足合，心意亦与之俱合。"①

"相连不断"探讨的是身体运动的时间延续性问题。陈微明分析：外家拳的劲力有发动和结束的过程，在旧的力量结束、新的力量尚未产生的时候，外家拳练习者容易遭受别人的进攻。而由于太极拳的用力和用意在各个时间点上都是均匀的，并且其动作圆转循环，所以太极拳运动自始至终绵绵不断，不存在"为人所乘"的时候。②

"动中求静"指尽管太极拳的身体运动运转不息，但其动作柔缓，形神合一，所以练习者能够在身体运动中得到平和安静的感受。"动中求静"可以实现养生的目的，避免力尽气喘、血脉偾张的弊端。③④另外，保持安静的状态，无论是对进一步感知、协调身体运动，还是对技击中不失方寸、准确感受对方意图，都是非常重要的。

第四节　以腹部为中心的运动

陈微明在解答太极拳命名含义的问题时，提出如下观点：

太极本一圆形，为阴阳浑合之一体。太极拳处处求圆、满，分阴、阳、虚、实，故以为名。然此尚是形容其外之体用也，不知人身中间一穴，为立命之处，名为大中极。大者太也，此穴即人身之

---

① ② ④　陈微明. 陈微明太极拳遗著汇编 [M]. 北京：人民体育出版社，1994：13.

③　太极拳的传统身体知识以及中国传统养生学都认为过于剧烈的运动对身体是有害的，这在今天的体育实践中也得到了较多科学验证。

太极中点，立炉安鼎，坎离交媾即在此处。太极拳运转先天之炁，凝神入气穴，不久则丹生焉。故太极拳能通小周天之气，较之但枯坐者更为速焉。①

此处的"太极"指宇宙，而人体则是一个"小太极"，将太极与人体相类比体现了一种天人同构的思维方式。陈微明认为，在太极的圆体之中，圆体中心是非常重要的，相应地，人体的中心——"大中极"是人体"小太极"的中点，其在太极拳运动中发挥着至关重要的作用。陈微明所强调的以"大中极"为核心的太极拳练习理论与道家修炼的理念相通。

虽然陈微明对"大中极"的论述并没有展开，但他的太极拳弟子胡朴安将"太极拳是以腹部为中心的运动"的观点阐发得更加具体。胡朴安在《论太极拳在体育上之价值》一文中围绕着这一观点所展开的论述在逻辑上是连贯的，他对太极拳的运动规律、运动特点、学习程序与要求、体育②价值等一系列相关问题的分析具有较为明显的系统性。

胡朴安认为，太极拳"以腹部为中心"的运动规律合于太极的内涵，他批判牵强附会的玄密之谈，同时不借助含义模糊的太极拳术语或歌诀，而是将亲身实践所获得的太极拳运动规律与"太极"的含义进行比较来说明两者一致，见表2-3。③

---

① 陈微明. 陈微明太极拳遗著汇编［M］. 北京：人民体育出版社，1994：198.
② 体育：胡朴安所说的体育的含义是"强健身心"。
③ 胡朴安. 论太极拳在体育上之价值［M］//吴志青. 太极正宗. 上海：上海书店，1982：195.

表 2-3　胡朴安提出的太极拳的运动规律与"太极"的含义的比较①

太极拳的运动规律及其解说	"太极"的含义
"太极"二字，出于《周易·系辞上传》。《周易·系辞上传》云："《易》有太极，是生两仪，两仪生四象，四象生八卦。"这意味着两仪、四象、八卦，皆由太极而生，太极是一切原动力，两仪、四象、八卦的动，悉是太极的动	人身之腹为太极，两腰为两仪，两手两足为四象，两手两足各有两节为八卦。宇宙之原动力在于太极，人身之原动力亦在于太极，所以太极拳之动作，并不是手足之动作，是腰之动作，亦并不是腰之动作，是腹之动作

尽管胡朴安对身体中心点的称谓与陈微明不同——胡朴安称之为"太极"，而陈微明称之为"大中极"，但是我们可以明显看出两者理论的渊源关系：两者都将宇宙与人体类比，并强调人体中点在太极拳运动中的核心作用。胡朴安认为，人和宇宙的对应更加系统和严格，腹、两腰、两手两足、两手两足的八节分别与太极、两仪、四象、八卦相对应。宇宙万物皆由太极而生，靠太极发动和带动，那么太极拳运动也就是腹部发动、带动下的运动，手足、腰腿等身体其他部位的运动都是腹部运动的外显形式。

胡朴安在对太极拳"以腹部为中心"的运动规律做进一步分析后，不仅得出了太极拳具有整体运动、柔和运动的运动特点的结论，还将太极拳的运动特点与他种运动方式进行了比较，见表 2-4。

---

① 表中内容出自：胡朴安. 论太极拳在体育上之价值 ［M］// 吴志青. 太极正宗. 上海：上海书店，1982：196.

表 2-4 胡朴安提出的太极拳的运动特点及其与他种运动方式的比较①

太极拳的运动特点	对太极拳运动特点的阐释	与他种运动方式的比较
整体运动	腹为人全身最中处，此处一动，全身无不动矣	他种运动，或为手之运动，或为足之运动，或为身之运动，必合各部分之运动，为全部分之运动。或支配不匀平，或学之不得法，不免有畸形发达之弊
	太极拳之运动，不动则已，动则全身皆动。故一动而不全身皆动者，非太极也	
柔和运动	腹既为人全身最中处，腹部一动，两腰两手两足之动，皆不疾而速	他种运动，或为手之动作，或为足之动作，或为身之动作，在某一部分动作，必须在某一部分用剧烈之力，始能达到某一部分运动之目的
	太极拳之动作，只在发动之中心一点动作（即腹的动作），不必用剧烈之力，全身之动作无有不到。外面极其柔和，内面延绵不断之力，息息增长。故一动作即见剑拔弩张之形者，非太极也	

胡朴安认为，太极拳运动中，作为身体中心的腹部一动而带动全身无有不动，这是太极拳整体运动的特点；腹部作为身体中心所发挥的带动作用，还表现在手足运动可以"不疾而速"、劲力不绝——一点腹部动作会表现在手足的快速运动和连绵运动上，因此不必局部剧烈用力，这是太极拳柔和运动的特点。

为了符合太极拳的运动规律和运动特点，胡朴安认为太极拳练习者在练习中要依次做到体松、气固、神凝，他关于这三个学习要领与程序的观点见表 2-5。

---

① 表中内容出自：胡朴安. 论太极拳在体育上之价值 [M] // 吴志青. 太极正宗. 上海：上海书店，1982：196-197.

表 2-5　胡朴安关于太极拳学习要领与程序的观点①

学习要领与程序	体现太极拳运动规律和运动特点的机制	反证与反例
体松	毫不用力，顺身体自然的动作，周身普遍，动作无所不到，而且平均如一。徐徐的将动作归到中心，久而久之，中心之动作以成	盖一用力，动作即不能自然，着意在用力部分，则各部分必不平均
		拙力虽大，是一部分的力，而不得其中
气固	练拳之时，肩要垂，肘要坠，腰要塌，久而久之，气自然沉下，所谓心虚腹实是也。腹实则气固，身体便有重心，无论手足如何动作，重心总在腹，得其重心，动作自如矣	不是体松而气散漫的状态，与"体不胜衣之病夫"状态有别
神凝	做到肩与胯合、肘与膝合、手与足合的外三合及心与意合、意与气合、气与力合的内三合。六合则身体中正矣，身体中正，神即提得起	—

胡朴安认为，用力会导致身体各部分松紧不一，意识会关注用力、紧张的身体局部，那么动作必然不能均匀，无从体现腹部作为身体中心所发挥的带动作用，只有不用力才能实现身体运动的平均化，并自然地促进腹部在身体运动中发挥中心带动作用。之后太极拳练习者要通过身法要求使气下沉至腹部，令腹部感觉充实，这样腹部在身体运动中就能充分发挥重心主宰作用。② 当达到"内外相合""心身一气"，即精神与形体完全融合的程度时，腹部就能够稳定、持续地发挥中心带动作用

① 表中内容出自胡朴安《论太极拳在体育上之价值》，个别语句有调整。参见：吴志青. 太极正宗［M］. 上海：上海书店，1982：197-199.
② 据现代力学，人在自然站立时，身体重心一般在身体正中面上第三骶椎上缘前方7厘米处，即小腹位置。太极拳运动对腰、腹部位的强调与维持人体重心有关。

和重心主宰作用。

　　胡朴安沿用"形①—气—神"的身体结构，来说明太极拳整体运动、柔和运动所能实现的健身价值，他关于太极拳健身价值的观点见表2-6。

表 2-6　胡朴安关于太极拳健身价值的观点②

锻炼要领	理想的健身价值	应避免的健身价值	比较与区别
体松	身体强健	身体猛鸷	强健与猛鸷不同，强健者安和之动作，猛鸷者粗暴之行为
气固	气血充盈	气血偾兴	充盈与偾兴不同，充盈者持久之正气，偾兴者一时之客气
神凝	精神饱满	精神发扬	饱满与发扬不同，饱满者诚于中、形于外，发扬者见于外、竭于中

　　胡朴安论述太极拳健身价值的内容体现了中国传统身体知识的特点。中国传统身体知识对健康和强壮的衡量采用的是身心综合标准，并不偏重于身材、肌肉等形体外显形态的一面。③ 而且正是由于关注健康、强壮在精神、气度方面的表现，对健康、强壮的衡量很大程度上要通过主观感受、经验判断，并不完全依赖于客观实测。胡朴安所论理想的和应避免的健身价值之间的区别是依赖于主观感受、经验对身体的精

---

① 形：形体。
② 表中内容出自：胡朴安.论太极拳在体育上之价值［M］//吴志青.太极正宗.上海：上海书店，1982：199-200.
③ 例如，中国古代武术、气功典籍中用于演示动作的人物形象，一般在身材、肌肉等形体外显形态上没有明显的"强壮"表现。再如，日常生活中，中国人常说"人活的就是个精气神儿"，这其中也包含着重视精神状态的健康观的内容。

神、气度表现所做出的判断。这种身心综合标准下的健康、强壮观念与太极拳松柔和缓、追求身心结合的身体运动方式有着内在的密切联系。

胡朴安认为，由于身体运动规律和身体运动特点，太极拳作为大众健身的手段在社会传播中具有经济性和广泛适应性的优势，他对这两方面优势的看法见表2-7。

表2-7　胡朴安对太极拳作为大众健身手段的优势的看法①

太极拳作为大众健身手段的优势	他种运动的反证
经济性：太极拳运动以腹部为中心，追求形神一气，不假外物，因此不需要大的场地与设备	很多运动对场地、设备、人数等有较高的要求
广泛适应性：太极拳是全身运动，柔和自然，因此人人都可以参与，没有年龄限制	有些运动过于激烈，并不适合老弱参与，而且少数精英运动员的突出表现并不能带来国民体质的普遍增强

但是胡朴安也认识到太极拳学习难度较大，理解并在习练过程中展示太极拳的运动规律和运动特点是不易达到的学习目标。因此，尽管从理论上可以分析得出太极拳作为健身手段具有巨大的优势这一结论，但事实上，就整个社会而言，太极拳的发展很难达到较高的水平。②

---

① 表中内容出自：胡朴安.论太极拳在体育上之价值［M］//吴志青.太极正宗.上海：上海书店，1982：200-201.
② 胡朴安.论太极拳在体育上之价值［M］//吴志青.太极正宗.上海：上海书店，1982：201.这里胡朴安认为，太极拳运动规律、运动特点的展示程度也是衡量太极拳发展水平的重要方面。

第五节　中正安舒与听劲感知：
身体技击状态和能力的培养

陈微明既不通过形体运动的外显攻防手段来谈论技击，也不强调一般格斗术所注重的速度、力量因素，他将实现太极拳技击功能看作是获得一种特定的身体状态、身体能力的过程。陈微明强调形成中正安舒的身体状态和培养听劲感知的身体能力。

陈微明认为"架子为最要之基础"，具有"规矩精意"①。除了太极拳术"十要"的练习准则，他还阐明了练习中要遵循的对其他身体部位、步法、神态等方面的要求。陈微明认为拳架练习的终极意义并不在于记住动作本身，也不在于以固定动作去进行攻防，他认为那些主张拳架动作可以不加变通而直接应用于技击的人是"笨伯之流"②。陈微明认为拳架练习的目的是体悟太极拳的各种姿势、动作要求的根本原则——形成中正安舒的身体状态。在回答"太极拳之姿势何者为准确，何者非准确，从何而断定之乎"的问题时，陈微明明确提出应以"中正安舒"为准。他将其解释为"中正者，不偏不倚之谓也；安舒者，自然舒适，不紧张用力者是也"③。中正安舒既包含了形体的外在表现，又包含了精神的内在体验，是一种综合的身体状态。技击中，双方攻守是以中正安舒的身体状态为基础的，只有中正——不偏不倚，才能重心

---

①　陈微明. 陈微明太极拳遗著汇编［M］. 北京：人民体育出版社，1994：175.
②　陈微明. 陈微明太极拳遗著汇编［M］. 北京：人民体育出版社，1994：178.
③　陈微明. 陈微明太极拳遗著汇编［M］. 北京：人民体育出版社，1994：174.

稳定，不露破绽；只有安舒——不紧张用力，才能从容敏感，知己察人，发挥用意的作用。处于较高质量的中正安舒身体状态的一方将在技击中占优势。

围绕着形成中正安舒的身体状态，陈微明提出了一系列观点。他认为，拳架练习的作用不能被太极推手①取代。在练习太极推手时，练习者除了要关注己方的身体运动，还要考虑与对方的身体接触和攻守关系，这势必会分散注意力，增加练习难度。如果练习者没有拳架练习的基础，或是在太极推手中求胜心切，身形就会偏倚散乱，练习就会失去意义。所以专注于己方身体运动、追求中正安舒身体状态的拳架练习是不能被太极推手取代的，"若不练架子，虽多推手，身体仍有不稳之时，易为人所牵动"②。陈微明大力提倡太极拳的单式循环练习，《太极答问》一书专门挑选 11 个太极拳招式，印行演示照片，并详细说明这 11 个太极拳招式的单式循环练习方法。陈微明认为，繁复冗长的动作本身并没有价值，单式练习更简明，且练习密度更大、练习效率更高，它可以大大减轻练习者记忆动作的负担，使其在练习中更好地关注己方的身体运动。而循环练习可以使人周而复始地感知、协调身体各部位在运动中的配合关系，促进中正安舒身体状态的形成。陈微明认为，在明确了中正安舒的目的和标准的前提下，太极拳的拳架和动作的衔接次序都是可以调整的，套路也是可以丰富和创新的。③

陈微明认为，散手是太极拳技击的终极形态和最终目的，只有在通

---

① 太极推手：太极拳中的一种双人徒手攻守练习。练习时，双方手臂交织在一起相随运转，伺机通过挤、靠等方法使对手重心不稳。
② 陈微明. 陈微明太极拳遗著汇编［M］. 北京：人民体育出版社，1994：175.
③ 陈微明. 陈微明太极拳遗著汇编［M］. 北京：人民体育出版社，1994：174-178.

过拳架练习形成中正安舒身体状态的基础上练习太极推手，培养身体的听劲感知能力，才能为在散手中感知和把握双方攻守中的身体关系做好准备。

陈微明指出，太极拳作为拳术的优越性突出表现在太极推手的对练方式上。他认为，其他拳种的对练方式招式固定，变化有限，而太极推手中，"二人粘连绵随，周而复始，如浑天之球，斡旋不已，而经纬弧直之度，莫不全备，将此一身，练为浑圆之一体，随屈就伸，无不合宜，则物来顺应，变化而无穷矣"①。太极推手的圆转动作之中包含各种运动趋势，攻守中双方的身体关系时时调整，变换无穷，而且太极推手套路固定，循环进行，双方可以在此过程中充分地感知和把握双方身体所形成的攻守关系。

练习太极推手时，动作一般比较柔缓，并且杨式太极拳的太极推手包含不动步推手、动步推手、大捋等既定套路，因此练习者可以采用多种方法循序渐进地开展全面训练。陈微明认为，当太极推手练到一定程度，练习者对攻守中双方的身体关系有了感知的经验时，他就可以做到听劲敏锐。听劲是在中正安舒身体状态的基础上，经过长期的太极推手练习，通过己方触觉、意气感应等身体综合感知方式形成的一种对对方劲力的感知能力。因为这种感知需要在精神专注的状态下进行，类似于凝神谛听，所以名为听劲。太极拳非常强调听劲，正如陈微明所说，太极拳技击体系的显著优势在于包含太极推手练习，太极推手练习的重要成果是培养身体的听劲感知能力。陈微明说太极推手达到较高的水平时

①　陈微明．陈微明太极拳遗著汇编［M］．北京：人民体育出版社，1994：42．

练习者就可以做到听劲敏锐，稍触即知"对方用力之方向长短"①。

当太极推手达到一定水平、练习者能够听劲时，他就可以因敌而变，施用散手。也就是说，有了理想的听劲能力，练习者就能够在双方攻守时的身体接触中，敏锐、迅速地了解对方劲力的特征和对方支配劲力变化的攻守意图，进而及时化解对方的攻势，攻击对方的薄弱之处。因此，陈微明认为太极拳散手不同于其他拳术散手之处在于它是以太极推手练习所培养的听劲感知能力为基础的，正如陈微明引用杨澄甫所说，"太极拳散手随机应变，无一定法。若会听劲，则闻一知百；若不会听劲，虽知多法，亦用不好"②。

在民国时期的太极拳技术体系中，太极剑也占有重要地位。陈微明认为，"太极剑之姿势，均以拳之姿势为基础"③，太极剑运动中增加了人与剑的关系，比拳架练习的难度更大，所以练习者应在具备一定的拳架练习基础之后进行太极剑练习。练习太极剑时，练习者需要在协调身体各部位运动关系的基础上关注剑的运动状态并协调剑与身体的配合关系。尽管剑不是身体的一部分，但练习者通过对剑的物理性质、运动状态的精确感知来掌控人与剑的关系，可以达到一种"人剑合一"的练习效果。太极对剑是运用太极剑应敌的练习，它"全运用腰腿，与太极拳之推手、听劲无异"④。通过太极对剑练习，练习者也可以培养太极剑的听劲感知能力，即练习者可以通过剑的接触、意气感应去感知对方的劲力和了解对方的意图。

---

① 陈微明．陈微明太极拳遗著汇编［M］．北京：人民体育出版社，1994：182.
② 陈微明．陈微明太极拳遗著汇编［M］．北京：人民体育出版社，1994：187.
③④ 陈微明．陈微明太极拳遗著汇编［M］．北京：人民体育出版社，1994：115.

第三章

向恺然：以身体"圆运动"为核心的身体知识系统

向恺然具有批判和务实的精神，他试图建立简约而实用的太极拳理论体系。向恺然阐释了太极拳身体"圆运动"的运动机制，多方面比较了太极拳身体运动机制和其他身体运动机制，还探讨了身体运动的速度、力量因素。向恺然对气、呼吸等内容的论述涉及身体机能的层面。向恺然的太极拳著作中出现了关于身体的近代科学理论，他讨论了太极拳的气沉丹田观点和生理学的呼吸知识之间的关系问题。

第一节　向恺然及其太极拳著作基本情况

向恺然（1889—1957），原名向逵，字恺然，别署不肖生、平江不肖生等，今皆称其字，祖籍湖南平江，近现代著名小说家、武术家、武术活动家。1916 年，向恺然寓居上海，开始撰写《江湖奇侠传》《近代侠义英雄传》等武侠小说。1932 年，他应何键之聘回到湖南，创办湖南国术训练所和湖南国术俱乐部，且均任秘书职务。其中，湖南国术训练所的学员多次参加全国国术考试和运动会，并取得优异成绩。中华人民共和国成立后，向恺然任湖南省文史馆员和政协委员。1956 年他参加第一届全国武术观摩表演大会，任裁判委员，受到国家体委主任贺龙元帅接见。①②

以清末民初留日学生生活为题材的《留东外史》，是近代反映留学生生活的第一部小说，向恺然因此步入文坛并一鸣惊人。向恺然写得最多的是武侠小说，他以此著名于文坛，成为中国早期武侠小说的代表作家之一，被誉为中国近代武侠小说的鼻祖。在他的武侠小说中，《江湖奇侠传》最为著名，据此改编的电影《火烧红莲寺》更是红极一时。将他的各种小说以及有关武术的杂记总计成册可达20余部，短篇更是不胜枚举。他晚年拟撰《中国武术史话》，因病辞世，不果。③

向恺然自幼接触武术，第一次留日期间他对武术产生浓厚兴趣，之后坚持勤奋学习，一生都在从事与武术有关的事务。向恺然主持的湖南国术训练所注重培养具有高度爱国心、懂时事、能文能武的人才，在管理制度、教员聘用和课程设置方面都代表着当时武术教育的先进水平。

向恺然于1925年在上海从陈微明学习太极拳，后又在上海从王润生、在北京从许禹生④等人学习太极拳。向恺然主要受益于吴式太极拳，他在开办湖南国术训练所时，经常邀请吴式太极拳创始人吴鉴泉⑤来长沙讲课授技，聘请吴公仪⑥和吴公藻⑦两位太极拳家作为太极拳教员，与吴家父子过从甚密。向恺然不仅主持湖南国术训练所和湖南国术

---

①③ 马良春，李福田．中国文学大辞典：第四卷［M］．天津：天津人民出版社，1991：2109.

② 徐斯年，向晓光．平江不肖生向恺然年表［J］．西南大学学报（社会科学版），2012，38（6）：95-109，175.

④ 许禹生（1878—1945），字龙厚，武术家，著有《太极拳势图解》。

⑤ 吴鉴泉（1870—1942），著名太极拳家，吴式太极拳创始人。

⑥ 吴公仪，吴式太极拳家，吴鉴泉的长子。学界对其生卒年有争论，故此处未载相关内容。

⑦ 吴公藻，吴式太极拳家，吴鉴泉的次子。学界对其生卒年有争论，故此处未载相关内容。

俱乐部的管理工作，还担任湖南国术俱乐部高级班的太极拳教员。当时武术界人士都称赞向恺然，认为他是能讲能打的文武全才。向恺然利用工作的便利，在学习其他武术拳种的过程中加深了对太极拳的理解。此外，向恺然博闻强识，文思敏捷，具有探究和怀疑精神，其武术著作具有较大影响力，其中与太极拳有关的著作主要有《太极拳讲义》的序言、《练太极拳之经验》、《太极径中径》等。①②

1935年出版的《太极拳讲义》的作者为担任湖南国术训练所教员的吴公藻，向恺然在该书序言中系统解答了太极拳练习者对太极拳技击原理的疑问。《练太极拳之经验》收录于1936年出版的《太极正宗》一书，该论文介绍了向恺然学习太极拳的过程和关于太极拳的见闻，剖析了太极拳传播中的种种社会现象，其中穿插有作者对太极拳技击原理的思考、感悟。根据《平江不肖生向恺然年表》的内容可知，学界推测《太极径中径》作于1943年，但一直未公开发表。③《太极径中径》是向恺然对太极拳理论的总结之作，其文分为释名、用意、开阖、呼吸、虚实五篇，结构简明，内容完整。

---

① 向一学. 回忆父亲一生 ［M］//平江不肖生. 江湖奇侠传（下）. 长沙：岳麓书社，2009：617-636.

② 向恺然. 练太极拳之经验 ［M］//吴志青. 太极正宗. 上海：上海书店，1982：237-271.

③ 徐斯年，向晓光. 平江不肖生向恺然年表 ［J］. 西南大学学报（社会科学版），2012，38（6）：95-109，175.

第二节　身体的"圆运动"

民国时期的太极拳家普遍认为太极拳的身体运动形式和太极拳的命名之间有着实质和必然的联系，向恺然也是从"太极"这一哲学概念入手来说明太极拳身体运动特点的。

> 太极之名，流传最古，在首创文字之时，古圣人以之象征天地者也。其形为一圆，中以 S 式之线，区分红黑。略具知识之吾国人，一望即能辨其为太极图也。红者，象征乎阳；黑者，象征乎阴。太极拳者，亦即每一动作之中，皆以圆为体，阴阳为用。所谓动静也、虚实也、刚柔也、开阖也、屈伸也、弛张也、存亡也、皆阴阳也。名异而实同也。①

> 所有太极拳全部之动作运用，无在不以圆为体，阴阳为用。举长拳、绵拳、十三势、小周天等含义，以"太极"二字，包括无遗。形于外者如此，藏于内者亦如此。运于全身者如此，触于局部者，亦无不如此。命名之至当恰好，无过于此者矣。②

---

① 向恺然. 太极径中径［M］//何欣委. 神运无方：太极拳论秘谱汇宗. 北京：人民体育出版社，2015：38.

② 向恺然. 太极径中径［M］//何欣委. 神运无方：太极拳论秘谱汇宗. 北京：人民体育出版社，2015：38-39.

他种拳术的名称，每有与拳术无甚关系的。惟有太极二字，完全包括了这种拳术的意义。①

向恺然认为太极拳的身体运动形式与太极的内涵完全契合，以太极来命名这种身体运动是理所当然和恰当的。向恺然以周敦颐所传的太极图来说明太极的特征：形圆而包含阴阳——这是向恺然对太极图的一种直观概括。向恺然认为，太极拳身体运动的特点是"以圆为体，阴阳为用"。"圆"仍然带有具象的特征，而"阴阳"则是对身体运动中种种相对关系的概括——"所谓动静也、虚实也、刚柔也、开阖也、屈伸也、弛张也、存亡也、皆阴阳也。名异而实同也"。在这些运动关系中，有的较为具体可见，如开阖、屈伸；有的则较为抽象，如刚柔、动静。向恺然认为太极拳全部的动作，无论是外显的形体运动、整体的身体运动，还是内隐的意识活动、局部的身体运动，都体现了"形圆而包含阴阳"的太极特点，所以太极拳的身体运动形式完全符合太极的内涵，向恺然也因此在十三势、小周天、绵拳、长拳②等名称中，极力赞同以太极命名。

向恺然对太极拳的身体"圆运动"有更加具体的论述。

太极就是一个圆圈，太极拳也就是由无数的圆圈联贯而成的一种拳法。无论一举手、一投足，皆不能离这个圆圈。离了这个圆圈，便违背了太极的原理。再精细儿一点说，不但举手投足不能离

---

① 向恺然．练太极拳之经验［M］//吴志青．太极正宗．上海：上海书店，1982：245.
② 它们是太极拳曾经使用过或当时仍在使用的其他名称。

圆圈，四肢百骸不动则已，动则皆不能离圆圈。①

向恺然所谓太极拳身体运动的"动不离圆"，包括身体各部位进行路线为圆的运动和自身旋转两种形式，这两种运动形式密不可分，并且身体各部位的"圆运动"有精确的主辅组合关系，颇为复杂。身体"圆运动"的繁复与用意的周密相辅相成。向恺然认为，对身体运动的感知能力和对用意的调控水平体现了拳术水平，太极拳避免用意单一外露，追求用意周密。正是因为"圆运动"遍及周身，无微不至，所以感知和调控身体各部位"圆运动"，做到面面俱到、流畅活泼和有机配合，就可以使用意周密。反之，未做到用意周密，身体"圆运动"也就无法精准进行。除了重视圆的运动路线，向恺然认为用意关注圆心，使其明确和稳定，也是进行身体"圆运动"的一个关键因素。求圆心定点，要先从身体整体上着眼，确定全身的圆心在腰部，并在身体"圆运动"中用意关注圆心。总之，向恺然认为，练习者只要在身体"圆运动"中，用意关注圆路线的均匀流转和圆心的稳定明确，并长久练习，就可以实现身心合一的"动不离圆"。②

向恺然认为，圆的运动路线可以一分为二，两个半圆路线上的太极拳技击方法虽彼此不同、相对而存在，但是又相辅相成、共存于一个圆之中。两个半圆即为阴阳两方，这是圆包含阴阳关系的一种直观的情况。向恺然认为，在太极推手中，应用何种太极拳技击方法取决于身体

① 向恺然. 练太极拳之经验 [M]//吴志青. 太极正宗. 上海：上海书店，1982：245.
② 向恺然. 太极径中径 [M]//何欣委. 神运无方：太极拳论秘谱汇宗. 北京：人民体育出版社，2015：39-40.

所处"圆运动"路线中的阶段。

不能用太极拳的方法攻击人的，断不能用太极拳的方法招架。因为手手处处皆是圆圈，就在这一个圆圈之中，分一半是招架，一半是攻击。工夫越深，圆圈越小。有时尚不及见其转动，已尽招架与攻击之能事。①

皮肤能听得敌劲之来路方面，即顺着来势，以半个圆招架，半个圆攻击。太极拳论中所谓粘即是走、走即是粘，就是这个道理。②

推手也是一个太极的圆圈。在一个圆圈之中，分出掤、捋、挤、按四手。掤挤为半圆，捋按为半圆。本系联贯而成，故一手忽略，则全圆因之破坏。③

开阖云者，就太极以圆为体而言。圆为两弧相合而成，向外半弧为开，向内半弧为阖……④

向恺然认为，在身体"圆运动"中，圆包含两个半圆，而且圆的

---

① 向恺然 . 练太极拳之经验［M］// 吴志青 . 太极正宗 . 上海：上海书店，1982：245.
② 向恺然 . 练太极拳之经验［M］// 吴志青 . 太极正宗 . 上海：上海书店，1982：246.
③ 向恺然 . 练太极拳之经验［M］// 吴志青 . 太极正宗 . 上海：上海书店，1982：256.
④ 向恺然 . 太极径中径［M］// 何欣委 . 神运无方：太极拳论秘谱汇宗 . 北京：人民体育出版社，2015：41.

运动路线中又包含更小的圆，更小的圆可以再分为两部分。对圆的划分——包含更小的圆或包含两个半圆——把握得越精细，功夫水平就越高。

在这四手①联贯成一大圆圈之中，于彼此皮肤接触之处，每手又各成一小圆圈。每于小圆圈中，又分半圆为粘，半圆为走。②

太极拳的身体"圆运动"包含着阴阳的另外一种形式，它是对多种运动关系中矛盾双方的包含和平衡，不像"圆包含两个半圆"那样具有具体的形象，但是阴阳的统一平衡、互相转换和循环也可以比拟为圆。向恺然以拳架和太极推手中的具体运动过程为例说明身体运动中的阴阳之分及其动态平衡。

以单鞭论，为左右之开阖，其枢在脊。练时只应注意左手从右胁穿出时，在势为阖，在气为吸，与左云手之阖时无异。故右臂须随之左移，此时两肩有向内抱合之意。俟重心移至左足，则势变为开，气变为呼，两肩向左右张……③

曰：掤、挤为攻，为自动，故在体为动。捋、按为守，为被

---

① 四手：指太极拳掤、捋、挤、按4种进攻手法。
② 向恺然. 练太极拳之经验［M］//吴志青. 太极正宗. 上海：上海书店，1982：256-257.
③ 向恺然. 太极径中径［M］//何欣委. 神运无方：太极拳论秘谱汇宗. 北京：人民体育出版社，2015：44.

动，其体本静。唯其能静，乃能因敌而动，舍己从人，故虽动犹静也。①

　　推手之掤，系以双手粘住对方肘腕，向对方胸前掤去。在势为进，在用为攻，在体为动，在气为呼，在式为开，在变势为实。被掤者用捋，因势利导，使掤势落空。捋者，在势为退，在用为守，在体为静，在气为吸，在式为阖。故须沉肩坠肘，含胸拔背，与掤者完全相反。掤者落空，乘机用挤。捋者因挤变按。挤仍为攻，按仍为守。按后转守为攻，仍以掤挤加诸人，而受其捋按。循环往来，互为虚实，所以互练触觉也。②

　　尽管呼吸、动静、虚实等运动关系中阴阳双方的统一平衡、互相转换和循环不具有圆的形象，但它们能使练习者产生一种圆满、圆活的体验，所以这些阴阳关系也可视作一种虚拟圆体的组成部分。

　　向恺然认为，各武术拳种中，太极拳是身体"圆运动"的典范，其运动圆活的特点可以为外家拳③所吸收，并促进外家拳练习者功夫水平的提升。向恺然认为，太极拳可以改变一般拳术中可能存在的局部运动、直线运动的情况和动作粗糙、僵硬的问题，从而提高练习者的动作质量和功夫水平。向恺然平时的见闻可佐证这一观点。

---

①② 　向恺然．太极径中径［M］//何欣委．神运无方：太极拳论秘谱汇宗．北京：人民体育出版社，2015：45.
③ 　外家拳：相对于内家拳而言不注重松柔、意气练习的拳种。

原来练外家拳的人，半途练太极拳，尽管在练太极拳的期间中，绝对不再练外家拳，而外家拳进步比未练太极以前，反加倍的迅速。原来不明白作用的手法，也明白作用了。原来苦于力陷肩背、不能变化成劲、条达于四肢的，也渐次变化、能条达了。练过若干日太极拳的人，改练外家拳，则深觉其动作之容易。因太极拳的动作，是全部的，非一部分的。所谓一动无有不动，一静无有不静。①

不拘内外家拳术，总以能圆活为第一要义。即以圆活二字为拳术之要素，亦无不可。故练外家拳的改练太极拳，因陡增其圆活之程度，乃自觉其进步之倍速也。②

向恺然认为太极拳的圆活特点能够为外家拳所用——实际上，他不仅认为各武术拳种之间并无绝对的界限，而且认为各武术拳种有共同的运动特点，即身体运动圆活。

第三节　十三势：不同身体运动趋势的包含

"十三势"是太极拳的别名，最早见于王宗岳的《太极拳论》。③

---

① 向恺然．练太极拳之经验［M］//吴志青．太极正宗．上海：上海书店，1982：257-258.
② 向恺然．练太极拳之经验［M］//吴志青．太极正宗．上海：上海书店，1982：258.
③ 近现代武术史研究者唐豪、徐震皆考证此篇为王宗岳所撰，因王宗岳生平不可考，可知此篇最晚作于其被发现时的 1854 年。

十三势者，掤、捋、挤、按、採、挒、肘、靠，进、退、顾、盼、定也。掤、捋、挤、按，即坎、离、震、兑，四正方也；採、挒、肘、靠，即乾、坤、艮、巽，四斜角也。此八卦也。进步、退步、左顾、右盼、中定，即金、木、水、火、土也。此五行也。合而言之，曰"十三势"。①

王宗岳认为太极拳具有八种进攻的方法，即掤、捋、挤、按、採、挒、肘、靠；具有五种步法，即进步、退步、左顾、右盼、中定。后人也将两者合称为八门五步或八法五步，由于两者相加共计十三，所以太极拳又叫十三势。而且八门与八卦所代表的八个方位相对应，五步与五行相对应。但王宗岳并未谈及太极拳身体活动与八卦、五行相对应的具体依据。

虽然向恺然认为太极拳的身体运动形式与太极、阴阳的哲学内涵完全相合，但他也认为人们以八卦易理、五行学说解说身体运动是脱离实际、没有必要的。

然时人有因此拳名为太极，而掤、捋、挤、按、採、挒、肘、靠八势，古人有格于八卦之说，遂不察古人以离坎定方位之意，妄加穿凿，以易之象词，为附会之具。谓离为火，有炎上之象；坎为水，有就下之象。一若全部易经，专为太极拳而说法者，使学者几疑太极拳为神化之术，非精通易理后不能学，岂非自欺欺人之甚者

---

① 王宗岳. 太极拳释名 [M]// 王宗岳，等. 太极拳谱. 沈寿，点校考释. 北京：人民体育出版社，1995：30-31.

乎。或曰：时人附会易理，持之有故，义似可通，何妨并存其说，俾好学深思之士，得于此中求得奥义，讵不甚佳。余曰：不然。一切拳术，皆应从实际功夫着手，岂口舌闲事。即阴阳二字，悟其功用，可谓取之不尽，用之不竭。然其所以运化之巧，虽以数十年研磨之力，犹苦难穷。时人所附会者，理论诚玄，于事实何补，徒以纷纷者，乱人心曲耳。

至谓持之有故，义似可通，则一切技艺，皆通于道。佛言"道在一切处"，岂惟太极拳与易理可通。在进于道者观之，则一切与一切皆无不可通也。读予文者，幸毋震于虚声而遵循其不切事实之理论也。①

但近之论太极者，多因其名为太极，遂以八卦五行生克之理、阴阳变化之言，附会易理。②

向恺然认为，八卦易理、五行学说与太极拳的身体运动形式之间没有必然的联系。拳术应务实，练习者不应该脱离拳术实践去追求理论的高深、完备。向恺然认为，太极、阴阳哲理已经足以指导太极拳的身体运动，其理看似简单，但在拳术实践中却难以掌握。向恺然并不认为八卦易理本身有误，以八卦易理去解释太极拳也可以讲通，但是繁复高深的八卦易理对拳术中崇尚实用的身体运动而言不是必要的，它反而会加重练习者思考的负担，分散练习者在实际练习时的注意力。因此，他既

---

① 向恺然. 太极径中径［M］//何欣委. 神运无方：太极拳论秘谱汇宗. 北京：人民体育出版社，2015：39.
② 向恺然. 练太极拳之经验［M］//吴志青. 太极正宗. 上海：上海书店，1982：267.

主张在太极拳的身体运动中深入研究太极、阴阳哲理，又反对将太极拳理论推演至复杂玄虚的地步，他认为"摭拾五行、八卦与艺术无关之艰深易理"①是有害无益的。

向恺然认为，将十三势分别与某种身体动作相对应的观点和做法是错误的。

> 掤、挤、按等不过八种手法，任谁专练太极拳的人，亦不能将此八种手法，一手一手的演出整个的姿势来给人看，仅能按着推手的姿势略为分析。②

> 教授徒弟实不闻掤、捋、挤、按、採、挒、肘、靠及所谓五行等，有一定格式方位，能单独提出数人练习，则此等名目之不能称十三式③。④

向恺然认为，十三势并不是可以拆解、各自独立的十三个身体动作，八种手法是对身体"圆运动"不同运动阶段的进攻手法的相对划分，是上肢动作，五种步法应与八种手法结合使用。

> 太极之动作，以圆为体。每一圆中可分析为四正、四隅，即寓八法。进、退、顾、盼、定，亦同寓八法之中。非于八法之外，别

---

① 吴公藻．太极拳讲义 [M]．上海：上海书店，1985；向恺然序 8.
② 向恺然．练太极拳之经验 [M]//吴志青．太极正宗．上海：上海书店，1982：260.
③ 原文为"十三式"，此处为尊重所引文献，保留了所引文献的原貌。
④ 向恺然．练太极拳之经验 [M]//吴志青．太极正宗．上海：上海书店，1982：268.

有进退顾盼定也。①

因为每个手法都有在方向不同的"圆运动"路线上运行的可能性，并且它们可以和不同的步法相结合，所以"若进一步言之，则每式皆含有十三势"②。

总体来看，向恺然更倾向于将十三势理解为太极拳每一个动作对各种身体运动趋势的包含，即太极拳的每一个动作都存在运动路线向不同方向转变或身体部位配合方式改变的多种可能性，太极拳练习者追求的正是包含和把握多种身体运动趋势，在运动中实现微妙平衡的能力。向恺然产生这样的理解得益于 1929 年他在北京从许禹生学习太极拳的实践经历。据向恺然回忆，当时的练习方式是将每一个动作都拆解为十三势③，他延续了这种认识，认为太极拳被称为"十三势"就是强调此意。

> 分析言之，则每势之中，又皆须具备十三势之意。有一不具，则其势为不备。先哲恐学者徒重形式，轻忽实际要义，故以十三势命名。④

按照这样的思路来讲，十三实际上是一个虚指的约数，用来指代太

---

① ② 向恺然. 太极径中径 ［M］//何欣委. 神运无方：太极拳论秘谱汇宗. 北京：人民体育出版社，2015：40.

③ 向恺然：我研究推手的经过 ［R/OL］.（2019-11-02）［2022-06-15］. https://www.sohu.com/a/351122966_310362.

④ 向恺然. 太极径中径 ［M］//何欣委. 神运无方：太极拳论秘谱汇宗. 北京：人民体育出版社，2015：38.

极拳每一个动作包含不同身体运动趋势的多种可能性。

除了将每一个动作单独拆解为十三势，向恺然认为，在拳架演练中，为了包含多种身体运动趋势而不是暴露和偏重其中的某一种，练习者应专注于身体"圆运动"，照顾周全，避免身体运动在快慢、方向等方面偏于某一端或是意识执着于某一种用法。

> 在练习的时候，最要注意的，是满身松散，不可有一寸许着力之处。其转动屈伸仰俯周旋之态，一如落云行太空，毫无阻隔、毫无停滞。从起手以至结尾，不得有停顿处、有棱角处，也不得忽急忽缓，更不得和练外家拳一样想像，某手系如何使用、攻击敌人何部、应如何发出，方为得力。此类想像，为练他种拳术时所不可少，惟练太极拳则万不宜有此。若存此类想像，便是自己限制自己的进步，其结果必至所想像的完全错误。就想得一部分效力，如练他种拳术的人之或专善用肘，或专善用腿，亦不可得。其故在太极拳皆系圆圈组成。在一趟架式中，就原来不曾分出某手如何攻击、如何招架，可以说全体没有攻击和招架方法，也可以说全体皆是攻击和招架的方法。无论头脑如何细密之人，欲从一趟的架式中，分析出如何攻击、如何招架，必是挂一漏万，是不啻自己将攻击招架方法的范围缩小。①

向恺然认为虽然太极拳的动作设计本身不曾分化出各种攻守的用法，但是它可以演变成无穷的攻守方法，这是因为太极拳的拳架由身体

---

① 向恺然. 练太极拳之经验［M］//吴志青. 太极正宗. 上海：上海书店，1982：251.

"圆运动"构成，并且身体"圆运动"中的每个位置、每个时间点又包含了出现不同身体运动趋势的可能性，这是太极拳练法和用法的精髓，所以向恺然认为将太极拳的招式拆解并固定为某种技击用法是错误的。

> 太极拳之所以异于外家拳者，即在每一动作中，包含作用甚多。然学者不可就其着法之形于外者意为附会。谓某手作何用，某手如何应敌。如此牵强附会，以求太极之作用，则太极不逮外家拳远矣。①

> 如以着法为法，并将人类生而具有之自卫本能亦消失无余。学者如昧于此理，太极无一法可用。明乎此，任取一势，皆足应付一切而不穷。盖临敌时迅如风雨，岂容有用脑余地；非令四肢百骸全部能自为攻守，将何以凌越于外家拳乎？②

> 我尝见有以太极拳教授徒众为业的，因徒弟询问架式中手法用处，他勉强解说，谓扇通臂是用手招架敌人的手，左手向敌人胸膛打去；海底针是以右手食指戳敌人肛门，肛门又称海底，所以谓之海底针。呜呼！如此解释太极拳用法，则太极拳的用法，岂不是极笨极无理吗？此种人可说是根本不明了太极拳的原理。③

---

① 向恺然. 太极径中径［M］// 何欣委. 神运无方：太极拳论秘谱汇宗. 北京：人民体育出版社，2015：44.

② 向恺然. 太极径中径［M］// 何欣委. 神运无方：太极拳论秘谱汇宗. 北京：人民体育出版社，2015：45.

③ 向恺然. 练太极拳之经验［M］// 吴志青. 太极正宗. 上海：上海书店，1982：251–252.

向恺然认为将太极拳的技击用法局限于固定的招式不但不能发挥太极拳的技击作用，而且会限制人们搏斗自卫的本能。太极拳练习应强调包含和把握不同的身体运动趋势，以此形成微妙的动态平衡和自动化的身体运动习惯，这样，身体就可以在技击中根据双方的攻守关系因势而动，自然生成应对方法，这才是太极拳技击的优势所在。

第四节 太极拳劲

格斗技击一般都非常重视对身体运动中速度、力量因素的培养和应用，但是太极拳的实践形式和理论阐释似乎对此没有特别关注。向恺然将一般拳术中的速度、力量因素和太极拳的速度、力量因素区别开来，称前者为"力"，后者为"劲"，即"太极拳劲"。事实上，力和劲的概念不仅包含了力量因素也包含了速度因素。其中，速度是指身体运动中使用力量、发出力量的速度。在对太极拳劲的阐释中，向恺然进行了深入透彻的剖析：虽然太极拳研究并不否认技击中速度和力量因素的客观存在，但它强调在产生机制、运用特征、技击双方身体运动关系的层面上研究速度和力量的问题，以及通过太极拳劲来应对敌方速度、力量的威胁。

曾有太极拳爱好者练习太极拳三年，其间熟读拳论，勤练着法，之后他与练习其他拳种几个月的人较量，却"辄败退不知所以支吾之道"①，为此，他将对太极拳技击功能的疑问抛给向恺然，向恺然在对

---

① 吴公藻. 太极拳讲义 [M]. 上海：上海书店，1985：向恺然序 3.

话中步步深入地阐释了太极拳劲的相关问题。

质疑者认为拳术的要义在主动进攻，其中最关键的因素是"快与力"——速度与力量，因而他认为缓慢不用力的太极拳与拳术原理相悖，不能用于技击。而向恺然的回答出乎人的意料，他认为太极拳劲是最富于速度和力量的。但是向恺然是在产生机制、运用特征、技击双方身体运动关系的层面上来谈速度和力量的。

> 岂不以手之屈伸、足之进退为快，肌肤之粗糙、筋骨之坚实为硬乎？是属于人类自然之本能，无关艺术之修养者也。且屈伸进退，为用甚简，虽至迅，必有间，人得而乘焉。太极拳之为用，虽亦不离乎屈伸进退，然曲中求直，其象如圜。唯其圜也，为用不拘一方。犹之枪之为用，人知其在颖也；刀之为用，人知其在锋也。非甚简矣乎？若夫圜之为用，则无在无不在也。唯其用之无不在也，故一举动周身俱要轻灵。庶几无习于拳者，难于掌，习于臀者，难于足之病。其迅捷视他拳不可以数字计。……是可知其一举动为用之繁赜矣。他拳鲜不用断劲者，断而复续，授隙于人。太极拳泯断续之迹，用时随在可断，断而复连。……用力久而后能臻于缜密，试思一举动之为用遍周身，处处皆当详审其虚实所在，则其形于外者，安得不慢乎？①

向恺然认为手足的运动迅捷是技击中一般意义上的速度优势，这是人们先入为主的牢固概念。手足快速运动的用途如同刀锋、枪尖的用途

---

① 吴公藻. 太极拳讲义 ［M］. 上海：上海书店，1985：向恺然序 3-4.

一样显而易见。但是这样的攻守存在间隙，在运动的手足进行攻守、完成发力之后，总会进行将其收回并再次攻守、完成发力的过程，也就是说在一次攻守和下一次攻守之间会有时间间隔，这种力量的中断即为断劲。太极拳的身体运动通过身体各部位"圆运动"复杂、有序的组合，形成了身体各部位的整体性和运动过程的整体性，即太极拳身体运动的整体性。因此，太极拳用法没有间隙。此外，身心合一的身体"圆运动"可以在意识指挥下停续自如。

从客观实测的角度讲，太极拳运动中身体各部位的整体性和运动过程的整体性是难以被完全观察、记录和体现的。太极拳身体运动的整体性是练习者对身体、运动甚至时空感知到的一种整体感。因此，这并不是一个纯粹客观的问题，而是一个结合了主观体验的结果。但是借助太极拳的运动规律所形成的整体感可以在技击实践中发挥作用，在某些情况下也可以被他人观察和体验。

向恺然认为，正是因为太极拳用法缜密，不留间隙，所以为了照顾全体、形成身体运动习惯，练习者在练习过程中必然要慢。但是在技击中，太极拳运动不一定表现为慢，其用法应以既不失去己方身体运动的整体性又能捕捉对方身体运动的间隙为准。

向恺然对技击中力量因素的认识也与一般认识不同。

夫人不患无力，特患其力之不能集中耳。力为人所恒有，世固无力之人，一臂之重十斤，能屈伸运动，则一臂具十斤之力矣。一身之重数十斤，未闻其足之不能自举，则足具数十斤之力矣。此为天下至弱者之所同具，但以其为力而非劲也，不能集中一点，以传达于敌人之身，故不足贵。习拳者，在使力化为劲。倘能以十斤之劲，集于手而中于人，人必伤；数十斤之劲，集于足而中于人，人必毙。则亦何患乎力之不多也？他拳之势，掌则为掌，肘则为肘，显然易知。然学者积久成习，尚多有粗疏木强，不能集中其劲以达于敌人者。病在知有力之为力，不知无力之为力也。握拳透爪，啮齿穿龈，自视殊武健，而不知力因此已陷于肩背，徒为他人攻击之藉，力虽大何补？太极拳之原则，在化力为劲，尤在能任意集中，用之则行，舍之则藏，无粗疏木强之弊，无屈伸断续之迹。……是不用力也，非不用劲也。①

向恺然认为，人是不缺乏力量的，即使是病弱之人，也有支撑身体运动的力量，即使是将微弱的力量集中于手足，也可以对敌方造成致命的打击，所以关键问题不是力量的多寡而是能否集中力量。向恺然认为，一般拳术运动中身体各部位缺少联系且多"粗疏木强"之处，因此力量被阻断于身体各处而不能集中于一点。此力量为外露、分散的局部力量，会使身体紧张、不能变化，尤其容易使力量集中于肩背，造成肩背僵硬而缺少感知和变化的能力，使练习者更容易被对方攻击。太极拳不使用局部力量，但可以在身体"圆运动"基础上形成感应灵敏、变化灵活的太极拳劲，即向恺然所谓"化力为劲"。太极拳劲行藏由人，可以随意集中，而且不会产生身体局部紧张、发力断续的弊病。

向恺然所说的太极拳劲的随意集中，是指在圆活运动的基础上精密

① 吴公藻. 太极拳讲义 [M]. 上海：上海书店，1985：向恺然序 4-5.

地调控身体各部位的配合关系，使全身所有部位都能够参与和支持发力过程①，并通过改变身体各部位"圆运动"的组合方式或改变身体"圆运动"路线，在不同的位置和时间点发力。

正是因为太极拳劲与一般拳术的速度、力量因素有明显的差异，所以两者的技击风格、训练方法是不同的，使用一般拳术的进攻方法和训练方法会干扰太极拳劲的培养。

若不待机会、不明方向地位，只算是蛮打蛮揪。在练他种拳术的当中，每有自恃气力刚强，练就二三手惯用手法，不顾人情如何，动手就一味横冲直击，屡能制胜，因而成名的。练太极拳的，却根本上不能产出这种人材。②

太极拳之所以练不用力，于练架式之外，有数种推手的方法，就是要练习的人，从拳术根本上做工夫，不可注意的一部的动作，学外家拳打桩板、推砂包等动作。或问练太极拳时候，若以余力兼练打桩板、推砂包等动作，应该只有利益，没有妨碍。我说如何没有妨碍？并且有绝大妨碍。因为太极拳以圆活为体，所以在练习架式的时候，务使全身松散，久久自能圆活无碍。有一寸许处着力，则必停滞。何况打桩板、推砂包专用蛮力呢？练太极拳所得的是弹劲，打桩板、推砂包所得的是直力。太极拳最忌直力，原富直力者练太极拳，尚须渐次使直力化为弹劲，必完全变化之后，方能得太

① 这一过程结合了练习者的主观感受，难以客观实测，但会在技击效果上有所表现。
② 向恺然. 练太极拳之经验［M］//吴志青. 太极正宗. 上海：上海书店，1982：253.

极之妙用。岂可以练太极的时候，兼练根本相反之直力？①

向恺然认为，有些练习外家拳、身体强壮的人，即便是以少数熟练的技法，且不管对方情况如何就不加变通、横冲直撞地进攻，也有很大的概率成功，其中的不少人甚至因多有胜绩而成名，但是这种技击特点和太极拳的技击特点完全不同。太极拳追求周密精细地协调己方身体运动并在此基础上避实就虚、因势利导地展开技击。这两种技击方式的训练途径是完全不同的。向恺然认为，一般拳术中通过打桩板、推砂包来训练身体运动的速度和力量的方法是完全不适用于太极拳的。这种表现为身体局部运动和直线运动的练习方式会对追求圆活和弹性的太极拳劲产生阻碍作用。

向恺然认为，人在技击中天然具有主动地以速度和力量去压制对方的习惯。一般拳术顺应了人们的这种习惯，而太极拳则要求人们放弃这种习惯，形成太极拳劲，在新的身体运动机制中应对对方速度和力量的威胁。如果未能达到在技击中自由运用太极拳劲的程度，那么练习者反而会在较技中处于劣势。

> 人类本自然具有以手足自卫及抓攫人的知能。即不知拳术为何物的小孩，他们有时相打起来，也知道劈头劈脑的举手打去；被打痛了的人，也知道闪开和还手。练太极拳没练到能致用的时候，便冒昧和人去比试，不但不能用拳法去打人，有时甚至连那本来具有

---

① 向恺然. 练太极拳之经验［M］∥吴志青. 太极正宗. 上海：上海书店，1982：253-254.

的自卫抓攫的知能都没有了，摆出一个一成不变的架式，去接受人家的攻击。①

　　练他种拳术的，和人比试起来，纵然不能把平日所学手法，丝毫不乱的使用出来，然因其平日练习时横冲直击，成了习惯，只要利用这种习惯，再继之以猛勇直前，每能克敌制胜。练太极拳的则不然。平日练习以缓慢为原则，以毫不使力为要义。而一趟架式自首至尾连绵不断，虽搬拦捶、指裆拳等手用法似已显明，然练时不是断劲，用时自难得力。②

向恺然认为，在太极拳劲达到理想境界之前，练习缓慢不用力的太极拳练习者在技击中是难以应对对手速度和力量的威胁的。事实上，武术见闻广博的向恺然记录了太极拳因技击功能未能在当时的比武较量中得到充分体现而受到质疑的情况。

　　首都国术馆中，分武当、少林两门。武当门即以太极拳为主体，因此太极拳的势力渐渐侵到了南京，练习的人日渐增多。然首都经过一次武术比赛之后，声明以太极拳为专长的多未胜利。而北平方面所去应试之人，其得胜利者虽十之七八也曾练太极，但在报名时却未声明以太极拳为专长（国术馆考试武术时，报名者须声明曾练何种武术，以何种为专长）。因之一般人对太极拳怀疑者极

① 向恺然．练太极拳之经验［M］∥吴志青．太极正宗．上海：上海书店，1982：244-245.
② 向恺然．练太极拳之经验［M］∥吴志青．太极正宗．上海：上海书店，1982：244.

多。原来反对太极拳的人，不待说，益发振振有词。即平日也曾练
习太极、对太极有相当认识的，也怀疑太极不能致用。①

向恺然声称自己是最相信太极拳技击功能的人，他认为太极拳拳理
精妙，以太极拳劲克制一般拳术的速度、力量是可以实现的。但是他也
清醒地看到太极拳难以致用的现实情况，这是因为太极拳劲的形成是一
个充满艰辛的长期过程，太极拳练习者会面临很多困难。

向恺然认为，很多太极拳练习者局限于对技击中速度、力量的一般
认识，难以完全理解和相信太极拳劲的特点和技击作用，所以容易在认
识的起点就出现偏差，徒具形式地练习，这自然不能培养出太极拳劲。
有位质疑向恺然的太极拳练习者自认为按照太极拳缓慢不用力的要求练
习了3年、每日勤练太极拳套路近30遍，但是在与他人的对抗中"每
苦进退失据，甚且顶抗蛮触于不自觉"②，他怀疑使用蛮力是人的天性，
不能改变。向恺然则指出他对太极拳劲的特点和技击作用理解得不到
位，强调太极拳学习中"明理"的重要性。

向恺然认为，即使是对太极拳有正确的认识，追求太极拳劲的过程
也充满困难和障碍。

练他种拳术的人，工夫即算不深，只是练过拳的，必有相当体
力，比较未经练过的强健。惟练太极拳的人，以不尚力原故，初练
一年半载，体力并不见得比寻常的人发达许多。体力既不比人强，

---

① 向恺然．练太极拳之经验［M］//吴志青．太极正宗．上海：上海书店，1982：242-
243.
② 吴公藻．太极拳讲义［M］．上海：上海书店，1985：向恺然序6.

而太极拳的用法又远不及他种拳式之简易、易于领会。①

练他种拳术，但能朝夕依法苦练，不须运用脑力，有相当时日，必有相当成功。练太极拳则非运用极细密之思想力，纵竭一生之功，亦不过偶然得着一部分作用，如练外家拳者之专善用某几种手法而已。经中所谓默识揣摩，渐至从心所欲。可见非能运用极细密之思想力者，不能练太极拳。②

太极拳在武术中为最有研究之兴趣与价值者，提倡国术自应对之有相当注意，但万不宜以太极为普遍研究之拳术。只可于国术馆中设一太极拳专修之科，非有志深造及资性聪颖者，不得入科练习。因其理太精微，法太复杂，无论天生身体如何灵捷，资性如何聪颖之人，亦非一年半载之练习所能致用。并且初学者练之不能发生兴味。任何艺术，如研究者对之不生兴趣，即不能有所得。③

向恺然认为，太极拳劲的形成是个长期过程，需要练习者具有出色的思考感悟能力和深入钻研的兴趣，所以太极拳虽能被普遍推广，但不能被普遍研究，该领域也很难产生技击水平很高的人才。他还认为应该在首都国术馆中设立太极拳专修科，严把入门关，培养技击水平很高的

---

① 向恺然．练太极拳之经验［M］∥吴志青．太极正宗．上海：上海书店，1982：243-244.
② 向恺然．练太极拳之经验［M］∥吴志青．太极正宗．上海：上海书店，1982：267.
③ 向恺然．练太极拳之经验［M］∥吴志青．太极正宗．上海：上海书店，1982：266-267.

高级人才。

向恺然重视身体适应性问题，认为太极拳练习者缺乏实战经验也是导致太极拳劲不能应对技击中速度、力量威胁的重要原因。

> 本来练太极拳，非有临阵经验不可。太极拳更是需要极多之临阵经验，不然总难有把握。练太极拳的人，万不可忽略临阵经验这一层。①

> 因之练习太极拳的人，其好勇斗狠的习气，及希图尝试的心理，都不及练他种拳术的人浓厚。与同道的推手，虽也是练习致用的方法，但是推手究有一定的规则，与平常比试不同。推手时的本领，不见得便能在与人比试时，完全使用得着。在练习的时候，既不常与练他种拳术的作友谊比试，曾练过十年八载之后，已享有相当之名望，或已身为人师，益发不敢轻易与人比试了。这是练太极拳的人普通大毛病。②

向恺然认为，太极拳练习者只有经过实战的磨练，其太极拳劲才能熟悉、适应和化解其他拳术的高速度、大力量的威胁。然而，太极拳界并没有形成重视实战切磋的风气，并且太极推手只能提供相对和缓、低速的太极拳劲应用环境，这与实战的形态有很大不同。

向恺然一方面深信太极拳拳理，另一方面又从现实角度看到人们本

①　向恺然．练太极拳之经验［M］//吴志青．太极正宗．上海：上海书店，1982：247.
②　向恺然．练太极拳之经验［M］//吴志青．太极正宗．上海：上海书店，1982：246.

能的主动用力习惯和简单进攻的技击风格往往在太极拳对抗中占主导。太极拳练习者应放弃本能的用力习惯，但这使其在形成太极拳劲的过程中面临许多困难，难以做到自由运用太极拳劲以对抗外家拳练习者，所以太极拳界很少出现顶尖的技击高手。

> 练太极拳者，每有存心轻视外家拳之习气论拳理。太极拳自较外家拳精细，但外家拳亦自有其好处。如练太极拳未练至能自由运用之程度，则尚不如外家拳远甚。此番南京考试之结果，便可证明练太极拳者，不如练外家拳容易致用也。[①]

向恺然认为，在对技击中速度、力量因素的理解和把握上，外家拳和太极拳各有所长，太极拳拳理精妙但难以掌握，外家拳易于见效但拳理简单，所以太极拳练习者不应有轻视外家拳的习气。

第五节　太极拳呼吸：气的周身运行

向恺然认为，呼吸是太极拳运动的重要组成部分，《太极径中径》中专设《呼吸》一篇予以说明。向恺然认为，呼吸问题就是太极拳身体运动中气的运行问题，他援引太极拳经典理论中的相关内容，以此强调呼吸问题的重要性。但是，在向恺然生活的年代，练习者对太极拳的呼吸问题充满疑惑，对《太极拳经》中论气的语句更是感到莫名其妙，

---

① 向恺然. 练太极拳之经验［M］// 吴志青. 太极正宗. 上海：上海书店，1982：271.

不知从何入手。①

以口鼻呼吸去理解太极拳的呼吸方法是行不通的，向恺然强调太极拳理论中的呼吸和口鼻呼吸并不相同，后者是人的本能，人们平时无须注意和操控它。

此外，向恺然认为当时已经普及的有关呼吸的生理学知识和太极拳理论中的气沉丹田②说法之间存在矛盾。如果以当时科学大潮所带来的生理学呼吸知识来衡量的话，"则先哲种种关于气之指示，皆不切事实矣"③。

> 更有略解生理学者，谓呼吸以肺不以腹，横膈膜以下非呼吸所能达。世人所谓腹部呼吸者，仅横膈膜运动而已。道家之丹田在脐以下，岂呼吸之气所能沉到者。④

向恺然这里所引述的生理学知识是正确的，它是民国时期已较为普及的科学知识。他并不直接反驳生理学的观点，只是说这种观点是"略解生理学者"所持，不足为凭。言外之意，这是一种局部、粗浅的看法。那么，向恺然认为更加根本的事实是什么呢？

> 夫气岂惟丹田可至，本来周遍全身，任何部分不容须臾滞塞，

---

① 向恺然. 太极径中径 [M]∥何欣委. 神运无方：太极拳论秘谱汇宗. 北京：人民体育出版社，2015：42-43.
② 向恺然认为丹田是命门穴，位于第二腰椎、第三腰椎棘突间。
③④ 向恺然. 太极径中径 [M]∥何欣委. 神运无方：太极拳论秘谱汇宗. 北京：人民体育出版社，2015：43.

滞塞则成偏枯矣。周身毛孔之能排泄，非气之作用而何？祗以常人呼吸，皆因其生而知之本能，毫无用心于其间。故于主宰生存动作之气，绝无操纵指挥之力。[①]

向恺然认为，气遍及周身，运转不息，一旦身体某部位的气滞塞，就会引发疾病，因此太极拳的呼吸是针对气的整体运行状况而言的：气的出入往来有与口鼻呼吸相似的特征，因此也可称其为呼吸。

既然气的运行遍及周身，那么生理学中肺部吸入的空气不能到达腹部的认识，就不再是与太极拳理论中的气沉丹田相矛盾的说法了：肺脏呼吸是身体呼吸的一部分，口鼻处空气的出入是身体呼吸的一种表现。

向恺然认为，常人对身体之气的运行，既没有用心感知，也无法调控和指挥。提出太极拳的呼吸问题，旨在提醒练习者着意于觉察和调整身体之气的运行。

向恺然认为，太极拳呼吸练习分为两步。第一步为"呼吸归根"，其中，根是指丹田，即"每吸使归丹田，每呼使从丹田出"。向恺然认为，太极拳所讲的丹田在两腰之间，即中医所说的"命门穴"[②]，应"以意存想丹田"。他认为练习呼吸归根要从调整口鼻呼吸入手，因为人们难以感知和调控身体之气的运行，而口鼻呼吸则易于觉察和调整，所以练习者可以从口鼻呼吸入手来调整身体呼吸。总之，呼吸归根的要求是："以意存想丹田"，调整口鼻呼吸，在内在体验上使气息之入以

---

① 向恺然．太极径中径［M］//何欣委．神运无方：太极拳论秘谱汇宗．北京：人民体育出版社，2015：43．
② 中医学认为命门穴在第二腰椎棘突下，两肾俞之间，当肾间动气处，为元气之根本，生命之门户，故名。

命门为终点，气息之出以命门为起点。如此，通过口鼻呼吸与意存丹田相结合，整合身体呼吸，可以使口鼻呼吸深、长、细、匀，并使练习者对身体之气的运行产生清晰、稳定的感知。此时练习者才能进行太极拳呼吸练习的第二步——将身体之气的运行与太极拳动作相结合，即向恺然所谓"使呼吸附丽于开阖之中"[①]。不论是全身大的开阖动作还是局部小的开阖动作，不论是个人练习还是两人推手，身体之气的运行都要在意识的指挥下与太极拳动作相协调。

向恺然关于太极拳呼吸的认识和身体"圆运动"理论之间有着密切的关系。练习呼吸归根的过程中要着意于腰部，并且腰部也是身体整体的圆心定点，练习者需要在身体"圆运动"中用意关注它；开与阖是身体"圆运动"中的一种相对划分，"圆为两弧相合而成，向外半弧为开，向内半弧为阖"，两者要分别与呼吸相结合。

向恺然认为，身体之气的出入往来——呼吸，是比太极拳的身法要求更加本质的身体运动标准，身体运动形态应根据呼吸的节律变化略有调整，而不应完全静止不变，这超出人们的一般认识，甚至"当世太极拳名家，犯此病者不少"[②]。向恺然认为，人们熟知的含胸拔背、沉肩坠肘的身法要求属于呼吸中吸的方面，如果只吸不呼，"势势皆沉肩坠肘，势势皆含胸拔背"[③]，造成身体状态不能顺应呼吸节律而变化，那就内外相乖违了。

---

① 向恺然. 太极径中径［M］//何欣委. 神运无方：太极拳论秘谱汇宗. 北京：人民体育出版社，2015：43.
②③ 向恺然. 太极径中径［M］//何欣委. 神运无方：太极拳论秘谱汇宗. 北京：人民体育出版社，2015：44.

第四章

徐震："形—气—神"身体知识系统

徐震将身体划分为"形—气—神"三个层面，他不但探讨了身体运动机制问题，还自觉地归纳了对身体构成、身体机能等方面的认识。徐震建立了相对完整的太极拳身体知识系统，并将其置于太极拳理论基础的地位。徐震的太极拳传统身体知识对传统文化语境有强烈的依赖性，但是徐震面对近代科学，又具有明显的开放、融合意识，他积极地使用近代科学知识去解释太极拳的传统身体知识。

第一节　徐震及《太极拳发微》基本情况

徐震（1898—1967），字哲东，今皆称其名，江苏常州人，古典文学专家、武术史家、太极拳家。

徐震从 1912 年起练地蹚拳、少林拳。1919 年，他从马金标习弹腿、查拳。次年，他与赵毅甫、陈研因在本邑发起并成立正德国技学社，任社长。1923 年，他到上海参加全国武术运动会，结交了北京体育研究社的周秀峰，并向其学太极拳和形意拳，回常州后，他向正德国技学社社员传授太极拳。徐震先后又向杨少侯学杨式太极拳，从杜心五学自然门拳术。1931 年，他又在河北从郝月如①学武式太极拳，得益最多，自此专注于武式太极拳研习。1950 年，他与徐致一②等发起并成立上海市武术界联谊会，任执行委员兼编审委员。1953 年，他任华东地区民族形式体育表演及竞赛大会的评判员。从 1956 年至去世期间，在历次全国武术表演比赛上，徐震均被国家体委聘为总裁判或副总裁判。在兰州时，他任武术协会副主席，历任甘肃省和兰州市武术比赛运动会裁判长。20 世纪 60 年代，徐震准备著《中国武术史》以填补空白，但受诸多条件限制未能如愿。③

徐震是近现代著名的太极拳家，武学、武术史研究专家。其研究态度严谨，一扫当时有论无据的武断考证风气，对武术史、太极拳史研究的影响巨大。徐震著有《国技论略》《太极拳考信录》《太极拳谱理董辨伪合编》《太极拳发微》《太极拳新论》《太极拳谱笺》《定式太极拳》《〈少林宗法图说〉考证》等。④⑤

其中，《太极拳发微》是徐震阐发太极拳拳理的代表作，写于 1941 年。当时未能付梓，一直以手抄本的形式流传，直到 2006 年它才公开出版。⑥《太极拳发微》引经据典，对一般读者而言较为艰深晦涩。但

---

① 郝月如（1877—1935），武式太极拳名家，武式太极拳第四代传人。
② 徐致一（1892—1986），浙江嘉兴人，吴式太极拳家，著有《太极拳浅说》。
③ 中国武术大辞典编辑委员会. 中国武术大辞典［M］. 北京：人民体育出版社，1990：487.
④ 严双军. 太极拳［M］. 北京：文化艺术出版社，2012：129.
⑤ 徐云上. 徐震简介［M］//徐震. 徐震佚文集. 太原：山西科学技术出版社，2006：1-6.
⑥ 徐震. 太极拳谱笺·太极拳发微·太极拳新论［M］. 太原：山西科学技术出版社，2006：版权页.

张士一在序言中提出“抑有进焉，《发微》一书，虽非浅说，然自上篇以下，语多具体，不乏深入显出，宜于初学之处。各篇笺注尤详，几同教本，是则证道而又传道，不能与《参同契》相提并论矣”①。该书分为总诠、时中、因应、德艺、功用、技诠、明习、练体、练用、境诣、伏气、养生、序志十三篇，前“十二篇中，上五篇主言义，下七篇主言法”②，内容系统简明，阐发深入，具有重要的理论价值。

第二节 “形—气—神”三层次身体观

徐震在《太极拳发微》中指出，身体由形、气、神构成，“形”指可触可见的形体，“气”和“神”则是无形的。关于“气”和“神”，徐震有如下论述。

> 气者百骸九窍六藏血脉所待而运也。是故气郁则体病，气促则形劳，气馁则志衰，气粗则心燥，气平则体舒，气静则心安。凡管乎一身之内外，操其通塞之枢键者，其惟气乎！③

① 徐震. 太极拳发微［M］//徐震. 太极拳谱笺·太极拳发微·太极拳新论. 太原：山西科学技术出版社，2006：序1-2.
② 徐震. 太极拳发微［M］//徐震. 太极拳谱笺·太极拳发微·太极拳新论. 太原：山西科学技术出版社，2006：20.
③ 徐震. 太极拳发微［M］//徐震. 太极拳谱笺·太极拳发微·太极拳新论. 太原：山西科学技术出版社，2006：5.

心者，神智之所宅也。①

意之专一者为志。②

何谓智？知己知彼也。何谓勇？有主于中也。③

所谓神者先受之也。④

关于气的内容有这样几个要点：气是人生命的本质能量，起着连通身体各个部位，使其正常发挥生理功能的作用；气联结着有形的形体和无形的心神，气运行于形体之中、促进其功能的正常发挥，人的精神活动也是以气的运行为基础的；气的状态和气运行的通畅程度——郁⑤、促⑥、馁⑦、粗、平、静，决定着人的身体状态和健康水平。

徐震认为，"心"是"神"的物质载体。此外，他提及"意""志""智""勇"的精神现象和心理特征，认为四者都是"神"的具体表现形式：专一稳定的"意"就是"志"，"智"是能够知己知彼的

① ② 　徐震. 太极拳发微［M］∥徐震. 太极拳谱笺·太极拳发微·太极拳新论. 太原：山西科学技术出版社，2006：5.

③ 　徐震. 太极拳发微［M］∥徐震. 太极拳谱笺·太极拳发微·太极拳新论. 太原：山西科学技术出版社，2006：11.

④ 　徐震. 太极拳发微［M］∥徐震. 太极拳谱笺·太极拳发微·太极拳新论. 太原：山西科学技术出版社，2006：17.

⑤ 　郁：郁结。

⑥ 　促：急促。

⑦ 　馁：丧失。

认知能力, "勇" 则是在危急时刻使精神活动保持稳定的能力。

徐震通过引用《庄子》中的一段话, 来强调神 "先受之" 的功能。

> 冉求问于仲尼曰: "未有天地可知耶?" 仲尼曰: "可, 古犹今也。" 冉求失问而退。明日复见, 曰: "昔者吾问'未有天地可知乎?' 夫子曰: '可, 古犹今也。' 昔日吾昭然, 今日吾昧然, 敢问何谓也?" 仲尼曰: "昔之昭然也, 神者先受之; 今之昧然也, 且又为不神者求耶!"①

徐震以《庄子》中的理论观点为依据, 认为 "神" 可以超越具体途径、条件的限制, 使人们自然而然地了解未知, 把握自身与外界的关系。徐震认为, 通过习练太极拳也可以达到 "神" 充分发挥作用的 "神受" 境界。

> 震谓: "拳技之功达乎至精至醇, 会彼外力, 心不起念, 自然随应, 亦为神受也。"②

徐震认为, 人的身体构成既有以气为基础的整体性, 又表现出明显的层次性, 即 "形—气—神" 的结构。这种层次性表现为三者在内外、精粗上存在区别: "由形及气, 形外而气内, 形粗而气精; 由气及意,

---

①② 徐震. 太极拳发微 [M] // 徐震. 太极拳谱笺·太极拳发微·太极拳新论. 太原: 山西科学技术出版社, 2006: 17.

气外而意内，气粗而意精。由意及心，意局而心通"①。太极拳的练习程序正是由人身体构成的层次性所决定的。也就是说，"形—气—神"由外而内、由粗而精的层次关系，决定了太极拳"练形—练气—练神"的练习程序和练习内容。根据引文内容，"形—气—神"由外而内、由粗而精的序列之中多了"意"这一个层次，并且徐震描述"意"与"心"的关系时不再沿用内外、精粗的说法，而是采用"意局而心通"的说法。如前所述，"意"是"神"的一种表现形式，有具体的内容和目的，因其具体，所以"局"——局限、局促，而意的本体——"神"是通达无碍的。当然，认为"神"与"意"之间也是内外、精粗的关系同样是符合徐震本意的。

正是在"形—气—神"三层次身体观的基础上，徐震提出了"合度—精妙—圆融"的三境诣说。境诣是指"所到达的境界"，三境诣是徐震以太极拳练习者的身体状态为依据对太极拳水平所做的一种衡量和划分。从不同阶段的练习要求来讲，三境诣的含义也被徐震表述为"时中②—因应③—德艺"三个层次。三境诣的练习内容各有不同，其重点分别为身法、伏气、神受。徐震认为，在逐渐深入的学习过程中，后面阶段的学习内容是以前面阶段的学习内容为基础的。徐震理论中身体层面、太极拳境诣和练习内容重点的对应关系见表4-1。

---

① 徐震. 太极拳发微 [M]// 徐震. 太极拳谱笺·太极拳发微·太极拳新论. 太原：山西科学技术出版社，2006：6.
② 时中：儒家的说法，徐震主要以此作为身法的原则和标准——保持中庸并与运动中的时、势保持一致。
③ 因应：有因外界变化而应的意思，即徐震所说的己方与敌方"相和相顺"。

表4-1 徐震理论中身体层面、太极拳境诣和练习内容重点的对应关系

身体层面	太极拳境诣	练习内容重点
形	合度（时中）	身法
气	精妙（因应）	伏气
神	圆融（德艺）	神受

第三节 "习惯"：身体的可塑性

在由粗而精、由外而内练习太极拳的过程中，徐震强调身体的可塑性、可改造性，即"习惯"问题——只要长时间按照太极拳的理法要求进行练习，练习者就能逐次在"形—气—神"的身体层面上达到太极拳的理想境界并顺利进阶。徐震肯定了依理法练习改变身体状态、达到更高境界的确定性和可行性。

夫运身举步，由习成安。苟非习惯，举足将倾。若令孩提之量，不使学行，虽至年长，犹将不能举步也。今使运身举步，可以宛转繁变。即遇外力之猝迫，亦能安之若素。此于习惯必有方矣。①

验之久，操之熟，不假思虑，随感而应。如纵步坦途而不颠

---

① 徐震. 太极拳发微［M］//徐震. 太极拳谱笺·太极拳发微·太极拳新论. 太原：山西科学技术出版社，2006：4.

顿，如飞尘致目而睫自闭，习惯然也。①

及至习惯如自然，则遇物不慑，心自定矣。②

徐震非但没有将太极拳练习进阶的过程玄虚化，反而强调了这种过程的平实可信。在他看来，只要持之以恒地按照理法要求练习太极拳，练习者就能具备太极拳的身体状态，这和儿童学习走路的过程是一样的——两者都是确定和可行的。在长期的努力之后，获得的太极拳的身体状态也将像人们获得的走路能力和天然具有的神经反射一样表现自然。徐震也强调太极拳的身体运动习惯是一种综合的身心状态，不仅在于形成形体运动方面的习惯，还在于形成一种特定的精神状态。

在身体可塑的认识基础上，为使习惯形成得更快速和牢固，徐震强调初学太极拳时要精简学习内容，并且练习者应进行"沉浸式"学习，充分地改进和巩固身体状态。

初学未能兼顾，则姑先择数势，措意习之，使之略能近似，更及其余，浸习浸洽，以臻贯通，而后可进于精妙。③

---

①② 徐震. 太极拳发微［M］//徐震. 太极拳谱笺·太极拳发微·太极拳新论. 太原：山西科学技术出版社，2006：11.

③ 徐震. 太极拳发微［M］//徐震. 太极拳谱笺·太极拳发微·太极拳新论. 太原：山西科学技术出版社，2006：14.

第四节 "形"的改造

一、"和"的理念

根据《周易》"一阴一阳之谓道"的原理，徐震认为，天下的事物都是相反相济的，阴阳之间既有相对而存在的差异性，又有融合统一的整体性。落实到形体改造的问题上，"始学之时，骨节不舒，腱不柔韧，肌不调谐，肤不宽敏，步无虚实，则置身不能稳，举措不能当，是以作止迟而使力拙"①，这种现象是人的一种自发的身体状态——身体各个部位自发地偏于阴阳的一端或者说处于阴阳混乱的状态，造成身体的运动能力受到限制。这种偏于阴阳的一端或处于阴阳混乱的状态来自形体改造已经达到一定水平之人的观察和表述，当事人并不自知——当事人既不能区别阴阳，也不能调和阴阳。

徐震认为，改造形体就是要在感知形体阴阳的基础上使两者相济而形成和谐统一的状态。

> 夫相反相济之谓和，和则一。和之一，非执一偏至之谓也。②

---

① 徐震. 太极拳发微 [M] // 徐震. 太极拳谱笺·太极拳发微·太极拳新论. 太原：山西科学技术出版社，2006：16.

② 徐震. 太极拳发微 [M] // 徐震. 太极拳谱笺·太极拳发微·太极拳新论. 太原：山西科学技术出版社，2006：3-4.

若夫一呼一吸，一动一静，相济成和，则为致一之虚。①

阴阳表现为形体运动中的"呼吸""动静"等相对应的关系，徐震强调在处理这些关系时要做到"平"：对阴阳双方着意均匀即为"平"，"平"能使阴阳由相反走向融合，进而形成一个整体。"平"是"和"的方法，"和"是"平"的结果。

实际上，徐震所提出的"平"的概念，主要是针对用力问题。

以是推言力之用，力均则平，平由相反而相济，平故两力若不存焉，是以相济成和。②

成和之修，肇乎用力之至均。③

徐震认为，用力均匀的"平"会使"两力若不存焉"——在身体感知中，当相反的两种力量实现平衡时就会出现力量好像不存在的感觉。"不用力"是一个容易导致不同理解甚至引发激烈争议的太极拳运动的独有说法。从科学客观的角度来看，人站立和行动必然导致肌肉紧张，而肌肉紧张必然伴随用力的现象，可以说"不用力"的说法是违反科学常识的。但很多太极拳练习者坚称"不用力"是太极拳的特色和精髓所在。徐震的说法为理解此问题提供了很好的角度：一者，"两力若不存焉"中的"若"字生动地说明了这是一种主观感受，并非基于科学客观角度的测量；二者，"两力若不存焉"是"力均"的结果，

①②③　徐震. 太极拳发微 [M] // 徐震. 太极拳谱笺·太极拳发微·太极拳新论. 太原：山西科学技术出版社，2006：4.

“力均”导致了两种相反力量的平衡。

徐震提出的“和”的内涵还包含了“顺”的要求：“成和之修，必由于顺。形顺乎气，气顺乎意。意之专一者为志。志以湛静顺乎心”①。“顺”强调心的主导作用，要求志、意、气、形依次调整适应，它是身体各层面能够沟通和联结的保证。

二、严谨精微的身法要求

在改造形体的层面上，徐震着墨最多的还是更加具体的有关身法的内容。“身法”之“法”是法则、法度之意，即形体各部位要形成某种较为具体的特定姿态、状态，形体的整体状态也要符合一定标准。徐震认为，“身法者肇为时中之矩律也”②，而太极拳“其以形之时中为始基哉”③，所以身法是太极拳最基础的要求。徐震关于身法的认识见表4-2。

表4-2　徐震关于身法的相关认识④

身法名称	具体要求	效用	徐震对身法起效机制的解说
提顶	头有提挈全身之势，顶门与会阴常相对当也	神志清明	以脑脊髓神经易于安宁
拔背	背椎略向上起也		

----

① ② 徐震. 太极拳发微［M］∥徐震. 太极拳谱笺·太极拳发微·太极拳新论. 太原：山西科学技术出版社，2006：5.

③ 徐震. 太极拳发微［M］∥徐震. 太极拳谱笺·太极拳发微·太极拳新论. 太原：山西科学技术出版社，2006：4.

④ 表中内容出自徐震《太极拳发微》。参见：徐震. 太极拳发微［M］∥徐震. 太极拳谱笺·太极拳发微·太极拳新论. 太原：山西科学技术出版社，2006：13-14.

续表

身法名称	具体要求	效用	徐震对身法起效机制的解说
含胸	肩微前合，锁骨胸骨下降也	感应警敏	上体肌肉以含胸敛胁而得空松，肌肉空松，则皮肤感觉灵而神经之反射亦速
敛胁（原名护肫）①	肋骨下降相密比也		
松肩	舒展肩胛带，令肩下垂也	关节通利	肩肘关节不滞，则上体肌骨不受牵掣，各节皆得通利
沉肘	使肘关节常下沉也		
裹胯（原名裹裆）	两股之间为内向穹合之势也	身安息调	裹胯则腿下屈而重心降低，股与骨盆所成之杵臼关节运转之地位宽舒。若但屈两腿而不取内裹之势，则杵臼关节运转之地位迫促。重心降低，则置身稳定；杵臼关节运转之地位宽舒，则回旋便，避就易，此皆安身之要法也。摄尻，则腰肌自松，微作弛张，即可使膈膜升降而成腹呼吸。用腹呼吸，则息之出入易调，虽伏气尚有专功，此固伏气之本也。又裹胯摄尻二势，亦互相助成
摄尻（原名吊裆）	腰椎微向后穹，臀向前收，少腹取上翻之势也		
腾挪	足下分明虚实也	进退变转甚易	……以重心不致提高，力矩不致增长，故动中依然稳定，动时仍可发劲……
闪战	全身肌骸舒畅调适，能随时随处运移也	宛转避就，无所底滞	—

---

① 在该表格中，括号内为徐震所加说明。

十项身法中，前八项都指向具体的身体部位，而剩余两项中，"腾挪"与两足运动密切相关，"闪战"则反映形体整体上的能力和状态。徐震认为，身法"一事未合，余即受其牵系，难以尽当"①，各个身法之间有紧密的联系。徐震强调，将前八项身法两两紧密结合，方能发挥效用：提顶拔背，则神志清明；含胸敛胁，则感应警敏；松肩沉肘，则关节通利；裹胯摄尻，则身安息调。

虽然这些具体精细的身法要求具有较多客观的操作、衡量标准，但是它们仍然是以主观把握为基础的：第一，"肩微前合，锁骨胸骨下降也""舒展肩胛带，令肩下垂也"等要求的动作幅度实际上非常小，身体外形变化不明显，不经主观的充分体验、调适难以把握。在太极拳的传统师徒传授过程中，为了验证和传递这种细微的形体调整经验，师父会让徒弟触摸、感受其形体的某些变化，徒弟也会进行大量的尝试练习。这和介绍或演示一般身体运动的方位、路线、相对位置，使人们即听即懂、即懂即行的情形是有差别的。第二，尽管动作幅度很小，但是这些形体变化在可以调控的范围内仍然有分寸尺度要求，可以看到徐震没有给出各项身法要求的定量指标，其程度的恰好适当依赖于主观感受的调适。第三，某些身法要求是为了形成一种运动的趋势，如"两股之间为内向穹合之势也""腰椎微向后穹，臀向前收，少腹取上翻之势也"，这种"势"并不表现为形体上的变化，它是基于调整形体状态并结合人的主观感受而形成的。可见，尽管身法会表现为形体的某些变化，具有一定的客观属性，但是它的实现是以练习者细微的主观感受为

① 徐震. 太极拳发微［M］//徐震. 太极拳谱笺·太极拳发微·太极拳新论. 太原：山西科学技术出版社，2006：14.

基础的，即练习者不能以外在于自己形体的客观角度反观和调整形体，而应充分关注、体察形体的状态并加以调整，进而实现形体上的某些外在变化。

自武禹襄①创立武式太极拳以来，武式太极拳就以身法研究著称，数代传人的拳理阐发都具有身法内容丰富严谨的特点。徐震在前人研究的基础上，对身法要求、效用等方面阐发得更加具体、准确。那么，这些身法要求是怎样提出来的呢？身法的标准是怎样产生的呢？身法要求不是在近代生理学的基础上产生的，因为太极拳早期的身法阐释并不涉及近代生理学的内容。② 如前文所述，太极拳练习者的体悟经验是身法知识的来源和标准。人们为了追求健身功能和技击功能，在练习太极拳的过程中，充分关注、体察自身的形体变化，总结那些有利于实现健身功能和技击功能的形体要求，从而形成了身法的经验知识。

经过身法练习，"及至骨节已舒，腱已柔韧，肌已调谐，肤已宽敏，步谙虚实，则置身自稳，举措自当，作止轻利，使力刚捷"③，就可以说是"合度"了。完成形体层面的改造，为之后的修习提供了基础，但是徐震强调这种合度仅局限在形体层面，"而未及乎内也"④。

三、近代生理学知识的使用

徐震提出的以"形—气—神"身体层次划分为特点的身体知识具

① 武河清（1812—1880），字禹襄，河北永年人，著名太极拳家，武式太极拳创始人。
② 例如，陈微明论身法的内容不涉及近代生理学内容。下文将讨论徐震以近代生理学知识阐释太极拳身法的相关内容。
③④ 徐震. 太极拳发微［M］//徐震. 太极拳谱笺·太极拳发微·太极拳新论. 太原：山西科学技术出版社，2006：16.

有鲜明的中国传统文化特点，但是在阐释有关身法的内容时，徐震却用到了一些近代生理学知识——身体部位的生理学术语和一些生理学理论知识，这使其提出的身体知识与传统的认识有所不同。

鸦片战争之后，受西学东渐的影响，生理学知识大量传入中国。生理学学科通过人们开展西方医学教育和引进翻译西方医书而在中国扎根，中国人开始主动参与引进西方生理学的进程。至民国时期，生理学教学在学校教育中获得了长足发展，众多学校开设了生理学课程，多种生理学教材也刊行于世。1926 年，中国生理学会成立，这标志着中国近代生理学学科的建立。学会聚集了林可胜、吴宪等著名生理学家，开展了广泛的研究和交流，发行了具备国际水准的《中国生理学杂志》，其中一些成果达到了世界先进水平。[①] 在生理学的尖端研究和普及教育都取得显著进展的背景之下，太极拳的传统身体知识中也出现了近代生理学因素。

徐震积极地使用近代生理学知识阐释太极拳的传统身体知识。在介绍太极拳的身法要求时，徐震提到了背椎、锁骨、胸骨、腰椎、骨盆等骨骼名称，他注意到近代生理学建立在解剖学的基础上，具有能够准确描述身体结构的特点。徐震在说明身法要求时使用近代生理学中关于身体各部位骨骼的名称术语，意在借其指称准确的优点，更具体、精准地说明身法在形体上的要求和表现。例如，徐震在身法要求中提到"背椎、腰椎、锁骨、胸骨、肋骨"等。如果读者也有相应的生理学知识，那么借助身体部位的准确指称，就能使实践身法要求具有更佳的可操

① 王志均，陈孟勤. 中国生理学史 ［M］. 北京：北京医科大学·中国协和医科大学联合出版社，1993：34-51.

作性。

但是徐震在解释"摄尻"的身法要求时提到"腰肌"，说明伏气之功时提到"腰肌"与"胸肌"，而"腰肌"和"胸肌"并没有起到准确指称身体部位的作用。因为腰肌与胸肌都是肌肉群，徐震并没有说明"腰肌"和"胸肌"的说法指的是全部的肌肉群还是其中的某块肌肉，而依据太极拳强调松柔的特点推测，徐震的说法应是指腰部和胸部的全部肌肉。这样，使用"腰肌"与"胸肌"这种说法所起的作用仍是提示练习者关注腹部和胸部的感受与配合，未能更准确地指称身体部位。

徐震还试图以近代生理学知识解释太极拳身法要求发挥效用的机制。他解释提顶拔背能使"神志清明"的原因是"以脑脊髓神经易于安宁"。他认为含胸敛胁能实现"感应警敏"的原因是"上体肌肉以含胸敛胁而得空松，肌肉空松，则皮肤感觉灵而神经之反射亦速"[1]。徐震将传统身体知识中身法具有"神志清明"和"感应警敏"效用的说法分别与"脑脊髓神经易于安宁"和"皮肤感觉灵而神经之反射亦速"进行简单的对应，提出肌肉放松和皮肤感觉灵敏之间存在因果联系。徐震使用了生理学中关于神经系统的简单知识，并在自身经验和感悟的基础上，就身法要求的生理影响进行了粗浅的阐释。徐震既没有引入完整深入的近代生理学知识来说明这种生理影响的过程和原理，也没有采用科学手段对此进行客观验证。但是徐震对"裹胯"和"腾挪"两项身法的阐释，却有更好的说明效果。

---

① 徐震. 太极拳发微［M］//徐震. 太极拳谱笺·太极拳发微·太极拳新论. 太原：山西科学技术出版社，2006：13.

裹胯则腿下屈而重心降低，股与骨盆所成之杵臼关节运转之地位宽舒。若但屈两腿而不取内裹之势，则杵臼关节运转之地位迫促。重心降低，则置身稳定；杵臼关节运转之地位宽舒，则回旋便，避就易……①

……以重心不致提高，力矩不致增长，故动中依然稳定，动时仍可发劲……②

徐震不但使用了生理学的名称术语，而且从运动生物力学的角度对这两项身法要求发挥作用的机制进行了较好的阐释，其论证既符合科学认识又与实践经验相一致，但是叙述过于简略。

徐震使用近代生理学知识阐释太极拳身法的内容反映了在民国时期西方科学传入的背景下人们知识结构的某些变化。徐震对使用科学知识阐释太极拳的传统身体知识抱有积极的态度，这是一种符合时代潮流的先进意识，但总体来看，徐震努力的成效并不明显。徐震对于近代生理学的了解有限，其对生理学知识的运用具有零散和表面化的特点，这并没有改变徐震将"形—气—神"身体知识作为传统身体知识主要内涵的情况。

---

① 徐震. 太极拳发微［M］//徐震. 太极拳谱笺·太极拳发微·太极拳新论. 太原：山西科学技术出版社，2006：13-14.
② 徐震. 太极拳发微［M］//徐震. 太极拳谱笺·太极拳发微·太极拳新论. 太原：山西科学技术出版社，2006：14.

第五节 "气"的练习

徐震强调，借由形的改造而至于形体和顺是进入气的练习的必要基础，如果初学者"外形尚未和顺，骤而语以伏气，则形之与气不能相得，徒着意念，更生扞格，乃至无益有损"①，所以徐震认为必须要严格遵守太极拳的学习程序，"学戒躐等，理不诬也"②。

所谓"形之与气不能相得，徒着意念，更生扞格"值得注意和分析。第四章第二节已经说明徐震认为形与气只是对身体层次进行相对划分的结果，两者之间并无绝对的分别与隔断。正如"外形既已和顺，自无大喘疾息，亦可谓调息"③，形体的调整，使气在一定程度上得到了调整。也就是说，气的练习是在调整形体从而使气的运转趋于规律、稳定的基础上进行的，如果初学者没有形体练习的基础而直接进行气的练习，形和气之间就不能产生恰当的联系，两者也不能服从意念的指挥，即形、气、意三者之间是分离错乱的，这就会对身体产生危害。徐震又将这一问题提高到修习太极拳要从基础做起、逐步进阶，不能超越等级的原则高度。

徐震强调先练形后练气的必要性。太极拳是一种追求内在体验，具

---

① 徐震. 太极拳发微 [M] // 徐震. 太极拳谱笺·太极拳发微·太极拳新论. 太原：山西科学技术出版社, 2006：18-19.

② 徐震. 太极拳发微 [M] // 徐震. 太极拳谱笺·太极拳发微·太极拳新论. 太原：山西科学技术出版社, 2006：19.

③ 徐震. 太极拳发微 [M] // 徐震. 太极拳谱笺·太极拳发微·太极拳新论. 太原：山西科学技术出版社, 2006：18.

有精微、沉静、连续不断的运动特点的身体运动，虽然形体的练习产生了形体和顺、气在一定程度上得到调整的效果，但是还有"粗""疏""急""轻躁"等问题，形体练习的效果还不够理想。因此"若外形已臻和顺，不复求进，亦无须更讲伏气。若复求进，必入深细"①，这意味着要想进一步提高功夫水平，就要专意进行气的练习。

徐震认为，练气的要点是"善练""善养"，他提出"始于善练，进于善养。伏气使沉，敛气②使细，是为善练；见素抱朴，则气醇矣；少私寡欲，则气定矣；是为善养"。③④其中，"善养"更多涉及德性修养层面的内容，它是练气的高阶内容，可被当作练气与练神相衔接的内容。"伏气"是"善练"的技术性内容，较为具体，它也是徐震着意介绍的内容。

林子清将徐震提出的"伏气"解释为"服气"⑤，这是错误的。"服"是"服食"之意，"服气"从字面上看是吸取外界的精华之气的意思，强调从自然界摄入精华物质并为己所用，而徐震并未有此意。徐震强调去除气的"粗""疏""急"等弊病，使呼吸"安匀流利"，气不停滞于脏腑经络。所以"伏"当作"降伏"解。

徐震认为，"伏气"要以身法中的"摄尻"为基础："摄尻，则腰

① 徐震. 太极拳发微 [M] // 徐震. 太极拳谱笺·太极拳发微·太极拳新论. 太原：山西科学技术出版社，2006：19.

② 引文中的"敛气"当为"伏气"的另一说法，文中虽然没有专门提到"敛气"方法，但提到伏气可以使气入于深细。

③ 徐震. 太极拳发微 [M] // 徐震. 太极拳谱笺·太极拳发微·太极拳新论. 太原：山西科学技术出版社，2006：5.

④ "见素抱朴""少私寡欲"的说法出自《道德经》。

⑤ 徐震. 太极拳发微 [M] // 徐震. 太极拳谱笺·太极拳发微·太极拳新论. 太原：山西科学技术出版社，2006：21.

肌自松，微作弛张，即可使膈膜升降而成腹呼吸。用腹呼吸，则息之出入易调，虽伏气尚有专功，此固伏气之本也。"① 摄尻可以使腰肌放松，并使其感应敏锐，这样，腰肌就可以在意识的指挥下小幅度地收缩和舒张，进而带动膈膜运动，形成腹式呼吸，为"伏气"之功打下坚实的基础。

徐震描述了在摄尻基础上"伏气"的过程和效用。

> 以腰肌之弛张，可使膈膜为升降（腰肌张则膈膜降而为吸，腰肌弛则膈膜升而为呼。将欲息之出入深细，首在膈膜之升降与肺之张弛相应）。腰肌与胸肌弛张相调适，则肺不劳而肌肤呼吸之功用充（凡腹呼吸练至纯熟，可增进皮肤呼吸之机能）。②

> 惟胸肌与腰肌弛张能相调适，则胸腹之间，一阖一辟，自尔和顺。而呼吸之根，若在脐下，虽身有动摇，而呼吸不粗不急。③

徐震认为，腰肌的舒张与收缩会引起膈膜的上升和下降，而膈膜的上升和下降会引起肺的收缩与舒张。可见，徐震认为呼吸主要依靠腰肌提供动力。从"腰肌与胸肌弛张相调适""胸腹之间，一阖一辟"的说法来看，徐震认为腰肌和胸肌之间存在着配合关系，腰肌收缩则胸肌舒张，腰肌舒张则胸肌收缩，这样可以避免肺部产生疲劳并增强肌肤的呼

---

① 徐震. 太极拳发微［M］// 徐震. 太极拳谱笺·太极拳发微·太极拳新论. 太原：山西科学技术出版社，2006：14.

②③ 徐震. 太极拳发微［M］// 徐震. 太极拳谱笺·太极拳发微·太极拳新论. 太原：山西科学技术出版社，2006：18.

吸功能①。

关于呼吸的运动机制，民国时期的生理学教材中已有专门介绍，举两例如下。

（四）肺的功用

1. ……

2. 呼吸运动　胸腔容积的增减，由于横膈膜和胸壁的动作。横膈膜在胸腔底部，平时隆起，周围收缩则稍平坦，胸腔容积因而增大，下压胃肠，使腹部向前隆起。至复旧位，则胸腔容积因而减小，腹部也复原位。胸壁由椎骨、肋骨、胸骨构成，肋骨与椎骨间有肋骨举筋。各肋骨间有内肋间筋和外肋间筋。肋骨举筋和外肋间筋收缩，则肋骨前端上举，胸腔向前方、侧方而增其容积。至两筋迟缓，内肋间筋收缩，而胸腔容积缩减，仍复原位。

因横膈膜运动而起的呼吸，叫腹式呼吸。因胸壁运动而起的呼吸，叫胸式呼吸。②

五六、呼吸运动 ｛吸气｛肋骨上举，膈膜下降，使胸腔扩张，空气就从气道流入肺脏。 呼气｛肋骨下降，膈膜复旧，胸腔容积缩小，空气由肺脏逐出。｝ 这一呼一吸的交互动作，在生活期中是永不断绝的。

① 气运行于周身，皮肤能呼吸，即气可以出入于皮肤，这是传统身体知识的观点，与生理学的看法不同。

② 成士杰. 生理卫生 [M]. 天津：百城书局，1932：85-86.

$$五七、呼吸的形式 \begin{cases} 腹式呼吸------主由于膈膜的动作。 \\ 胸式呼吸------主由于肋骨的动作。 \end{cases} ①$$

以上引文分别出自《生理卫生》和《生理卫生学表解》，这两本著作均为中等教育的生理学教材，出版时间分别为1932年和1935年，均远早于《太极拳发微》的成文时间。这两本著作对呼吸运动的有关生理结构和运动机制已经做了较为具体的阐释，它们对腹式呼吸和胸式呼吸的定义与今天的生理学观点基本一致。

徐震对膈肌运动引起肺脏收缩、舒张的认识与当时的生理学知识相符，但是徐震认为在腹式呼吸中腰肌运动引起了膈肌收缩与舒张，并且腰肌与胸肌在呼吸运动中存在着配合关系，这在当时乃至今天都未得到生理学研究的关注。徐震虽使用了一些生理学知识，但得出了一些既不同于传统身体知识也不同于生理学认识的结论。

作为学者和大学教授，徐震是有条件也应有意识追求更加深入、准确的生理学知识的，但为什么徐震会创造出"变异"的科学知识呢？实际上，徐震的生理学知识有限，他对太极拳的认识是以练习体验为基础的。产生在腹式呼吸中腰肌提供动力和腰肌、胸肌相配合的认识，与太极拳强调身体运动中"腰为主宰"的理论和徐震依此进行的太极拳实践是分不开的。也就是说，徐震练习太极拳时体悟到的经验是腰部在全身运动中具有主宰作用。徐震对呼吸运动有某种自身体验，于是他选择或改造了某些生理学知识，使其与自身体验相一致。可见，太极拳的传统身体知识和实践经验对徐震的影响之深。

----

① 糜子襄. 生理卫生学表解 [M]. 上海：中华书局，1935：17.

徐震认为，如果不进行"伏气"练习，就会产生两个问题："其
一，吸气多而呼气少，则将或患中满，或感结辖①。其二，外肌虽宽，
内肌或急，关节肌腱，虽已舒展，脏腑经络之间，未尽遂畅，则有时将
觉悖戾②，有时不免偾张③。"④ "外肌""内肌"应是徐震受生理学知识
的影响用来指称随意肌和不随意肌的说法，太极拳的传统身体知识中并
无此说法。徐震认为形体调整之后随意肌得以放松，但是脏腑经络、不
随意肌还存在紧张现象，气的路径不畅，吸气之后会有气滞留于内而不
能运转无碍，所以会吸多呼少，这时就会产生不适感或引起情绪上的变
化，进而影响心神稳定的状态。和向恺然谈论呼吸一样，徐震也是将口
鼻呼吸与身体之气的运行视作一体而论的。

伏气之功完成后，呼吸"不散不促，安匀流利；浸习以洽，则内
肌与外肌之弛张相得也，脏腑经络之间遂畅无滞也"⑤。这是伏气之功
在自身感受方面的效果。在技击应用上，伏气之功也可以带来显著的效
果。此外，"形与气顺"后能够实现自身与敌方的"相和相顺"，进而
实现因应效果，并且这种因对方之势的应对，可以达到"虚灵"的程
度，"无不可合而无所不因也"⑥，"于以直凑单微⑦，是为精妙，此非

---

① 结辖：心中郁结不畅。
② 悖戾：违逆、乖张。
③ 偾张：激奋。
④ 徐震. 太极拳发微［M］//徐震. 太极拳谱笺·太极拳发微·太极拳新论. 太原：山
　西科学技术出版社，2006：18.
⑤ 徐震. 太极拳发微［M］//徐震. 太极拳谱笺·太极拳发微·太极拳新论. 太原：山
　西科学技术出版社，2006：16.
⑥ 徐震. 太极拳发微［M］//徐震. 太极拳谱笺·太极拳发微·太极拳新论. 太原：山
　西科学技术出版社，2006：4.
⑦ 单微：接近精微。

外功所逮矣"①。

　　具体来说，徐震认为，在与人较技时，"自与他相和相顺"②会带来六种功效："一曰安，安者动无虚妄，不致于人；二曰敏，敏者知己知彼，感准应确；三曰简，简者宛转曲折，不见形迹；四曰易，易者乘间蹈瑕，恢恢有余；五曰深，深者形见于此，用起于彼；六曰涵，涵者浑然无有端涯，而能包覆罗络"③。这是技击时的一种特定身体状态和身体能力，也是一种技击特点和技击风格：不露出破绽和漏洞；感应准确迅速；动作幅度小；能轻易抓住对方的缺陷和漏洞；自身意图不易被对方捕捉；不露痕迹，使对方难于捉摸而无法把握战局。要想在技击中达到"精妙"境界，还要做到自身形气相合，并能够与敌方"相和相顺"——只要能与敌方达到一种一体般的状态，己方就能对敌方了如指掌并采取最为便捷的方式把握战机。与此相对照的是，徐震认为技击中唯知自用，以大力和巧捷去压制对方，是不足贵的，即使获胜也会带来自身的损伤或疲劳。徐震认为，技击的根本之道在于《孙子兵法》所说的"以逸待劳，后发先至"，技击过程中"力不妄用，身不妄动"，在对敌方精微体察的基础上"不值其锋，而入其空，曲折求达以倾其中"④。这些都是在"自与他相和相顺"的基础上实现的。

　　徐震认为，技击是双方身体运动相对关系发生变化的过程。在阐释"自与他相和相顺"的基础上，徐震又以《练用第九》一篇讨论了技击

---

①② 徐震. 太极拳发微［M］//徐震. 太极拳谱笺·太极拳发微·太极拳新论. 太原：山西科学技术出版社，2006：16.

③ 徐震. 太极拳发微［M］//徐震. 太极拳谱笺·太极拳发微·太极拳新论. 太原：山西科学技术出版社，2006：16-17.

④ 徐震. 太极拳发微［M］//徐震. 太极拳谱笺·太极拳发微·太极拳新论. 太原：山西科学技术出版社，2006：11.

过程中关键的"时方"因素。

  角技必取准于时方，弁术皆然。伊惟太极善借彼力，善用我力，则非自余各家所及矣。盖各家所争者，得时之先，得方之势；太极之妙用，不争先而蕲随时，不争势而蕲随方。能随则无时非先，无方不顺。请言太极时方之准：夫时之所争，不过瞬息，而力之作止变转，辄见节族；及其将作未作，将止未止，将变未变，将转未转，于是焉取之，谓之应节；不得其节族勿取也；已失其节族，必将有待也。故不争先而蕲随时也。然而我之力亦有作止变转而无节族可寻者何也？凡复合之动，错综而运不能行于一时，则作止有迹，变转有端，一断一续而节族显。若于一时能为复合之动，错综而运，则循环无端，连绵无迹，取势常相反相济，则屈伸往来，避就攻守可以俱时，而有节族奚由寻哉？此时之准也。夫方之所争，惟在毫厘分寸；其用之也，有前后左右上下，斜正曲直。所以用其前后左右斜正曲直者，总归于顺逆。转其顺势，顺反为逆，乘其逆势，当机勿失，此据彼而言也。惟势势自处于顺，乃可制彼之逆，此据我而言也。故彼来我接，彼去我迫；毋当其冲，而就其空。避其冲者，非彼让也。左旋右进，上舍下攻，斜切曲取，亦为让也。就其空者，非必前也，退接旁拿，亦为就也。正以用斜，斜以济正，直以用曲，曲以济直。若是者，必于一势之中，兼用数势；一动之顷，非止一力。要使彼力方向陡变，彼心倏受震惊，则可使彼力还施彼身，而吾直如摧枯焉。此为善于随方，此方之准也。然方虽得准，应时则效；时或小差，效即减杀；时若相违，效或相反。时之于方亦犹是也。故当肄习角技，必合而用之，以蕲确当。宁循理而求精，毋越理以争胜。功候至而智勇存焉矣。①

"时方"似乎是指技击过程中的时空因素，是一种客观存在。但是徐震认为，"时方"并不是脱离人的身体因素而存在的纯粹客观的时空因素，它是双方身体感知②、把握和利用的一种与时空有关的主客观融合的因素，甚至可以说它存在的意义与衡量的尺度是以双方的身体运动关系为依据的。徐震认为，"时"体现于身体用力过程的节律性。力量的产生、中断和发展呈现阶段变化的特点，太极拳用法在时间上并不争先，己方会在与对方相合，感知和把握对方力量"将作未作，将止未止，将变未变，将转未转"的时机出击——徐震称之为"应节"——从而取胜。"方"体现于双方对由身体部位、动作路线、位置关系、力量关系等因素所构成的技击态势的判断和掌控，徐震将其归纳为"顺势"和"逆势"——占据优势可以制胜为顺，反之则为逆。太极拳用法并不主张练习者要处于优势地位，它强调练习者要在感知对方的基础上，因势利导、使用各种变化方法突然改变对方的力量方向，出乎对方意料，使对方震惊、不知所措，从而将对方的顺势改变为逆势，趁我顺彼逆取胜。太极拳是怎样使己方身体运动不出现用力间隙和被转顺为逆的漏洞的呢？徐震认为，理想的太极拳运动在每个时间点都会形成"复合之动，错综而运"的身体运动状态，所以运动开始和结束时都不

---

① 徐震. 太极拳发微［M］// 徐震. 太极拳谱笺·太极拳发微·太极拳新论. 太原：山西科学技术出版社，2006：14-15.

② 这种感知以及上文所提及的"自与他相和相顺"都不仅仅是视觉上的观察、头脑中的思考，它们是身心整体在"气"的层面上的一种觉知和判断。

会出现用力间隙，而且太极拳取势相反相成，包括不同的运动趋势，这可以使身体运动不偏于一端从而难以被对方掌控和转化。

徐震描绘了气的练习完成之后，在身体运动状态方面和比武较技当中展现出来的精妙境界："洽熟于身，审谛于用，形气相谐，外内咸若，举体协，各节随，周旋转折，无不如志；沉机会变，其应如响；其用力之得所也，如引弦以激矢也。其用力之无阻也，如舟行顺流而乘风也。其用力之节在间也，若以一指思摄火于熛烟之中也。"① 可见，精妙的身体运动在自身体验和双方技击中的种种表现具有一定的艺术性。

第六节　"神"的调整

通过练气达到太极拳技击中的精妙境界，已经是一种不同凡响的武艺，"然犹有意求胜，以我制物，未能无意自合，乘物游心也"②。此时，从身体的内部关系来看，练习者仍然追求战胜对方、有施加于外在的意图；从身体的外部关系来看，受主观意图的影响，练习者不能完全实现自身与外物的统一、主观与客观的融合，更不能在主客观的统一和融合当中获得彻底的自由。

从练气走向练神，关键是"一"和"忘"。

---

① 徐震. 太极拳发微［M］//徐震. 太极拳谱笺·太极拳发微·太极拳新论. 太原：山西科学技术出版社，2006：12.
② 徐震. 太极拳发微［M］//徐震. 太极拳谱笺·太极拳发微·太极拳新论. 太原：山西科学技术出版社，2006：17.

惟胸肌与腰肌弛张能相调适，则胸腹之间，一阖一辟，自尔和顺。而呼吸之根，若在脐下，虽身有动摇，而呼吸不粗不急。及夫浸习浸和，息之出入浸敛浸微，遂若外忘其形而一于气，内忘其气而合于志。志者，意之致一者也。及其和顺之志，志亦如忘。但觉融融泄泄，若将飘摇轻举然，夫是之谓能化。①

进于此当忘气，忘气意之适，意适而心定矣。心定而神全矣。②

善练善养，则气浸顺乎意，意浸专一而不外驰。久一则寂，寂则廓然而心正，心正者神自清……③

功之极，浑然皆忘，无外无内，无粗无精，而一归于时中。④

形气相合使身体运动呈现出"一"的状态，即具有整体性的特征，特别是气的通畅顺遂使这种整体性能够超越具象的形体。长久保持这种整体性，能够实现"意"和"志"的专———一种内敛收摄的整体状态，功深时做到"忘"，即忘气、忘意、忘志，就能使"神全""神

① 徐震. 太极拳发微［M］//徐震. 太极拳谱笺·太极拳发微·太极拳新论. 太原：山西科学技术出版社，2006：18.
② 徐震. 太极拳发微［M］//徐震. 太极拳谱笺·太极拳发微·太极拳新论. 太原：山西科学技术出版社，2006：17.
③ 徐震. 太极拳发微［M］//徐震. 太极拳谱笺·太极拳发微·太极拳新论. 太原：山西科学技术出版社，2006：5.
④ 徐震. 太极拳发微［M］//徐震. 太极拳谱笺·太极拳发微·太极拳新论. 太原：山西科学技术出版社，2006：6.

清"，从而显现出"神"的功能。

"神"超越了具体条件和途径的局限，消弭了物我之间的界限——
这就是"神"的功能表现，"神"的境界也表现在技击中练习者能够实
现极大的自由上。

> 动若不动，应若未应。若然者，形不累其心，心得主其形；物
> 不与我违，我得为物主。力之在彼，无异在我，所谓神者先受
> 之也。①

> 拳技之功达乎至精至醇，会彼外力，心不起念，自然随应，亦
> 为神受也。②

> 致其功而技用神焉。是以迭用柔刚而不过，泛应曲当而
> 靡遗。③

徐震认为，在太极拳的"神受"技击境界中，人我一体，练习者可
以不假思索、恰到好处地随对方的屈伸刚柔自然变化，所以"神受"
在技击境界中居于主宰地位。

徐震认为，"神"是身体最为精粹的生命能量，使"神"发挥作

---

①② 徐震. 太极拳发微［M］//徐震. 太极拳谱笺·太极拳发微·太极拳新论. 太原：
山西科学技术出版社，2006：17.

③ 徐震. 太极拳发微［M］//徐震. 太极拳谱笺·太极拳发微·太极拳新论. 太原：山
西科学技术出版社，2006：6.

用，体现了人受之于天地自然的最根本的性质——"德"①。

> 心者神之宅，心和平而不蔽，保真而不荡，则神守虚灵之宅。心神相得，斯为上德。②

> ……故能感而遂通，应而不藏。疾患去乎体，宽容适乎物，而明通公溥之德，成于心矣。古人有言曰：德成而上，艺成而下。今也由曲艺而进于成德，是为下学而上达。③

这些论述有很强的传统文化语境特点，特别是道家思想的内蕴充盈其间。道家思想的基本观点是：人生的依据，包括身体状态的依据来自自然，来自道。《太极拳发微》也认为太极拳是以求道作为旨归的——"是故始于合度，惟法是依；中于精妙，忘法而不离于法；极于圆融，乘物而不见其物；超然绵邈，常守冲虚，斯可谓进于道者也"④。

---

① 依据道家理论，德是人受之于天地自然最根本的性质。
② 徐震. 太极拳发微 [M] // 徐震. 太极拳谱笺·太极拳发微·太极拳新论. 太原：山西科学技术出版社，2006：6.
③ 徐震. 太极拳发微 [M] // 徐震. 太极拳谱笺·太极拳发微·太极拳新论. 太原：山西科学技术出版社，2006：5.
④ 徐震. 太极拳发微 [M] // 徐震. 太极拳谱笺·太极拳发微·太极拳新论. 太原：山西科学技术出版社，2006：12.

第五章

郑曼青："阴阳—气"身体知识系统

郑曼青精通传统文化的多个领域，堪称传统文化巨匠。其身体知识贯彻了阴阳学说和气理论，这使他的身体知识具有更强的统一性。郑曼青强调以自然类比和直觉感悟来理解身体和改变身体，这鲜明地体现了传统文化的思维方式。郑曼青对近代科学抱有开放的态度，他不仅积极地为传统身体知识寻找科学依据，还尝试用力学知识解释太极拳的技击原理。

第一节　郑曼青及《郑子太极拳十三篇》
基本情况

郑曼青（1902—1975），原名岳，字曼青，自号莲父，别署玉井山人，又号曼髯，今皆称其字，永嘉城区（今温州鹿城）人，近现代著名画家、经学家、诗人、中医学家、太极拳家。郑曼青早年学习少林拳，1928 年起随杨澄甫学习太极拳。1949 年去台湾后，他创立时中拳社，推广自编的 37 式郑子太极拳，不仅在台湾普及了这一套路，还培养出一批出色的弟子。1965 年他赴美国，客居纽约，创办太极拳学社，广授生徒，直接、间接从学研习者达数万人。郑曼青著有《唐诗针度》《郑曼青书画集》《骨科精微》《郑子太极拳十三篇》《中华医药学史》等。由于他擅诗、书、画、拳、医，故被赞为"一代奇才"，亦素有"五绝老人""永嘉五绝"的美称。①②③

郑曼青在追随杨澄甫学习太极拳期间，曾为杨澄甫的夫人诊治重病，药到病除，杨澄甫对其颇为感激，再加上郑曼青坚实的文化根基和超凡的悟性，郑曼青因此得到了杨澄甫的器重，这使他得以充分了解和学习杨家秘传太极拳理法。④ 有关杨式太极拳的权威著作《太极拳体用全书》就是郑曼青辅助杨澄甫撰写的。

《郑子太极拳十三篇》撰写于1946年，出版于1950年，是郑曼青的太极拳代表作。全书分为上、中、下三卷，其身体知识内容主要体现在卷上的13个论题——释名义、通玄实、专气致柔、变化气质、陆地游泳、心膂并重、劲与物理、养生全真、益脏腑、起肺疾、别程序、明生克、述口诀上，全书也以此命名。卷中主要介绍动作技法，卷下为附录。该书研究视野开阔，内容宽泛，以较大篇幅谈论了医学问题和与身体有关的科学问题。郑曼青在序言中说："曩者，杨师澄甫以家传绝业，未肯轻以教授，正恐传非其人，故仅述体用之梗概，以传乎世耳。此盖由余与同门匡克明之请，于二十三年五月，得以刊行。其时余之所得尚肤浅，不知有裨乎人类，若是其大也。今者澄师已归道山，欲求

---

① 浙江省人物志编纂委员会. 浙江省人物志 [M]. 杭州：浙江人民出版社，2005：960.

② 余功保. 中国太极拳辞典 [M]. 北京：人民体育出版社，2006：504.

③ 宫温虹. 温州中医药文化志 [M]. 北京：中国中医药出版社，2016：157-161.

④ 郑曼青. 郑子太极拳十三篇 [M]. 台北：大展出版社，1981：自序7-8.

益，不可复得。因罄举所秘，笔诸于书，聊欲广古之上医医未病之旨，与世之学者，验养气之功。"① 可见郑曼青在书中尽数披露了所了解的杨家秘传，并将更加丰富深刻的心得体会和盘托出。另外，邓克愚、李寿籛的序言中记载了郑曼青在重庆与英国和美国士兵在公开场合较技并以明显优势获胜的事迹，这也可以证明郑曼青高超的太极拳水平。②③

第二节　"阴阳—气" 的身体观

在郑曼青对身体的论述中，"阴阳" 和 "气" 是最重要的内容，其中论气的内容更多。虽然郑曼青在对身体的具体情况加以区别认识并进行具有针对性的调整时强调阴阳，在说明调整身体的手段以及形成柔和统一的身体状态时强调气，但是两者在过程和目标上是紧密结合在一起的。

郑曼青认为 "太极为阴阳之母，无所不包"④，万物的变化 "其理不出乎阴阳"⑤。身体也体现了这种显著而重要的阴阳关系——主要是身体内的水火关系。

---

① 郑曼青.郑子太极拳十三篇 [M].台北：大展出版社，1981：自序 7-8.
② 邓克愚.序 [M]//郑曼青.郑子太极拳十三篇.台北：大展出版社，1981：序 3-4.
③ 李寿籛.序 [M]//郑曼青.郑子太极拳十三篇.台北：大展出版社，1981：序 5-6.
④ 郑曼青.郑子太极拳十三篇 [M].台北：大展出版社，1981：1.
⑤ 郑曼青.郑子太极拳十三篇 [M].台北：大展出版社，1981：2.

䷜者，即坎、离也。离，心火，炎上；坎，肾水，润下。背道而驰，性各刚强，与柔弱正复相反。人之腹中水独多，居十之七。火二，君、相而已，《易》后天卦，离为君火，即心火，为实火也。《内经》命门火，即相火，为虚火也。五脏六腑以及周身，因君、相二火之煽拂，无一处非火之所不能到。火盛则病，国医所谓某处有火，西医所谓某处发炎。可见火虽散乎周身，亦不减水之力之聚也。如人身缺少水份，则便干枯。缺少火力，则消化不良。水火既不可缺，又不可过于刚强。若任其性，炎上润下，即《易》所谓䷿未济，其能耐久长之用乎？①

人之腹部蓄水独多，犹天谓腹内松净。及水之害，大则若洪水横流，小则如决堤冲堰，以及大水与淫雨霉天之类。在人身为病，大则若臌胀、黄瘅、湿痹，小则若痰饮、疮痍、疥癣及肺脾与肠胃之湿热薰蒸之类，不胜枚举。欲去水之为病，莫若运动。禹之治水，以疏瀹利导为功。若比之自然之阳光蒸化水份，吸收阴翳，减少云雨，则不逮也。于人身苟能若此，则可谓有夺天之功矣。②

郑曼青以《易经》的阴阳理论为基础，取坎、离两卦象征身体内的水与火因素。两因素主要体现为肾、心二脏以及命门穴的属性：心属火，是实火、君火，命门火是虚火、相火；肾属水，并且腹部水的属性明显。对于"腹部蓄水独多"，郑曼青通过自然类比的方式进行了较为

---

① 郑曼青. 郑子太极拳十三篇［M］. 台北：大展出版社，1981：6-7.
② 郑曼青. 郑子太极拳十三篇［M］. 台北：大展出版社，1981：3-4.

深入的阐释。一方面，身体缺少水，就会导致干枯；另一方面，水多了，则可能引起各种各样、或大或小的病患危害。体内火盛、火小也会导致相应的问题。水与火的多少、强弱都是相对而言的，如果水火关系调和，人就能保持健康。但是因为心火、肾水的属性差异很大，而且心火位置在上而上升，肾水位置在下而下降，如果放任水、火各自性质的张扬，就会出现水火未济、阴阳失衡的问题，纵未形成疾病，也会使人的健康不能持久。若能像自然界中阳光蒸发水分使其上升一样，身体内的水与火就能实现平衡，这是以人夺天的最佳方法。

郑曼青提出"气沉丹田与心相守之法"，这是调整身体内的水火关系使之趋于阴阳平衡，形成和谐身体状态的根本途径。实际上，在郑曼青论述火的作用的内容——"五脏六腑以及周身，因君、相二火之煽拂，无一处非火之所不能到"中，已有气的含义，火对全身发挥温煦作用所依赖的"煽拂"就包含了身体之气的自然运行因素。

"气沉丹田与心相守之法"是靠气的沉降使心火下降，与肾水发生联系，进而形成阴阳相济的状态，其中也强调心与气的相合相守。

> 气沉丹田，即犹注暖气于炉中，可以祛阴湿寒气之效而已。能与心相守勿离，犹置火于釜底，使釜中之水乃至于滚沸，渐渐可以化气，不独不为害，且有利于血液之循环，其功大矣。①

> 曰：专气之用莫大焉。姑约言其尤者：一、丹田者，不过若一气囊耳。如气不沉丹田，则囊瘪而不开，然虽有丹田不能用也。纵

---

① 郑曼青. 郑子太极拳十三篇［M］. 台北：大展出版社，1981：4.

欲以心火相运，注乎丹田，亦不可得也。一、心若不与气相依，则渺茫无所注其心力，又安知其能到丹田与否？是以专气沉于丹田，尤须与心相守，方可致柔矣。①

郑曼青认为，气是专注心力、下降心火使其与肾水相济的载体。从另一方面来讲，专意于气——专注于对气的感知和调控本身也是要达到的目的。因为与有形的躯体相比，气是柔的，专意于气才有可能致柔，即"欲致柔，务先专气"②，而"柔"则包含了生机与能量——这是《道德经》中的理论观点。

所谓"柔弱者，生之徒；刚强者，死之徒也"，可见摄生之道，致柔而已。③

曰："老氏已自解之焉。"曰："专气致柔，能婴儿乎？"婴儿者，人类之苗种也，生生之意未已，是以柔而且弱，亦犹草木之萌芽矣。及其壮而至于老，不复有生生之意，则刚强矣，若木强而易折，去死不远。④

"专气致柔""柔弱者，生之徒""物壮则老"都是《道德经》中的观点，郑曼青引用了这些理论并对其进行了发展。

专意于气才有可能致柔，要想使气不偏于阴阳一方，就必须做到

---

① 郑曼青. 郑子太极拳十三篇［M］. 台北：大展出版社，1981：7.
②③ 郑曼青. 郑子太极拳十三篇［M］. 台北：大展出版社，1981：6.
④ 郑曼青. 郑子太极拳十三篇［M］. 台北：大展出版社，1981：8.

“气沉丹田与心相守”，使心火、肾水相济。这样，实现身体的阴阳平衡要通过“气沉丹田与心相守”来完成，而且追求“专气致柔”本身也包含了“气沉丹田与心相守”的内容。

> 老氏读《易》得间，师其意曰：“专气致柔。”即气沉丹田与心相守之法。丹田者，丹灶也。心在灶中，水在上，是以火温水，不致就下为患，反得化气之妙用。水在上，火在下，是以水济火，不致炎上为害，反得温养之化工，谓之▤▤▤既济，坎离既济。则专气致柔之功成矣。①

> 气沉丹田，即老氏所谓专气致柔之着手功夫。……欲致柔，务先专气，专气以止于至善之地者，丹田也。气能沉于丹田，即《易》所谓水火既济。②

按照郑曼青的思路，以气论身体追求专气致柔和以阴阳论身体追求阴阳相济的过程其实是视角不同而本质相融相通的一回事。

郑曼青认为，练习者在实现气沉丹田、阴阳相济之后持续用功，可以在行气、敛神这一动一静两个方面取得进境。

一方面，郑曼青主张练习太极拳时“以我之气与空气相摩荡”，这样“则有进乎运气、行气，气遍周身矣”③。为此，郑曼青特地撰写《陆地游泳第五》一篇进行说明。郑曼青认为，游泳之所以对人的健康

---

① 郑曼青. 郑子太极拳十三篇［M］. 台北：大展出版社，1981：7.
② 郑曼青. 郑子太极拳十三篇［M］. 台北：大展出版社，1981：6.
③ 郑曼青. 郑子太极拳十三篇［M］. 台北：大展出版社，1981：8.

大有裨益，是因为游泳是一项具有专气致柔性质的运动，而太极拳在专气致柔方面远超游泳。郑曼青认为，人在空气中生活犹如鱼在水中生活，空气对人的作用极大，因此人应当意识到这一点，并以陆地游泳的观念为指导练习太极拳，注意感受和把握身体运动与空气的关系，"每一运动，即觉气之鼓荡如游泳，吞吐浮沉，以及乎进退如游泳"①。如此，能够促使身体之气通畅地运行，使气"溢乎筋络，达乎骨髓，充乎膜膈，形乎皮毛"②，同时可以使丹田积气深厚，使人气壮力大③。

另一方面，郑曼青认为，"神敛更有进乎专气之功矣"④，精神安定内守，当气的积聚⑤达到一定程度时，气将自然地沿着一定的路径运行于体内，并在体内产生形态变化。

气敛入骨，而为纯刚。即气由丹田循尾闾而上，透达脊骨。⑥

使精气化热，而透度尾闾，上脊骨，而达乎顶，布乎四肢。使热气灌溢乎骨中，闭而不出，少顷则精所化之气仍归乎水。既而渐为腻液，腻液复化为有质之体，是为骨髓，贴乎骨内，犹若镀镍镀金焉。古人所谓"功夫日长一纸"，正谓此也。久之骨髓渐渐填满，则骨坚强，所以喻之为纯刚。无坚不摧，亦以是也。⑦

---

① ② 郑曼青. 郑子太极拳十三篇 [M]. 台北：大展出版社，1981：12.

③ 郑曼青认为"力之本系乎气"，丹田为"气海"，是积气之所，积气多少便有力多少。

④ 郑曼青. 郑子太极拳十三篇 [M]. 台北：大展出版社，1981：8.

⑤ 郑曼青认为心肾相交可以使腹部的水和精化为气，并产生热能。

⑥ 郑曼青. 郑子太极拳十三篇 [M]. 台北：大展出版社，1981：4.

⑦ 郑曼青. 郑子太极拳十三篇 [M]. 台北：大展出版社，1981：5.

气的运行路径为丹田—尾闾①—脊骨—顶—四肢，郑曼青称此过程为“通三关”②，他认为这是道家所谓“河车倒运”③的开端。气经此路径可以遍布全身并注于骨中，气在骨中积聚，产生的形态变化依次为气—水—腻液—骨髓，骨髓渐渐充满骨中，最终使骨极其坚强。郑曼青认为，太极拳高手的手臂具有骨髓充实的特点，技击过程中能使对方感到非常沉重。

郑曼青在《别程序第十一》一篇中也是以气的状态为标准对太极拳练习程序进行了划分。在形体层面，求肩至腕、胯至踵、尾闾至顶的松柔，为气的运行做好准备——此为一阶；包括气沉丹田、气达乎四肢、气越尾闾达乎泥丸④的二阶内容是以气在体内的运行状况为标准进行区分的；三阶的听劲、懂劲、阶及神明是以气在技击中的运用状况为标准进行区分的。⑤

民国时期，颇多太极拳著作提及和论述了听劲、懂劲、阶及神明等太极拳独有技法，但像郑曼青这样纯粹以气的运行状况为标准对其进行系统深入阐释的人却很少见。

　　　惟柔乃能与对手黏连相随。能黏连，则我之气与彼气相接触，欲测其气之动静，故曰听。⑥

----

① 尾闾：尾骨。
② 通三关：道家修炼称气通过尾闾、夹脊穴、玉枕穴为通三关。
③ 河车倒运：道家修炼称气自任脉而下、沿督脉而上的循环运动为河车搬运，亦称河车倒运。
④ 泥丸：道家修炼的重要关窍。在头部，亦有将百会穴称为泥丸的说法。
⑤ 郑曼青.郑子太极拳十三篇［M］.台北：大展出版社，1981：37-41.
⑥ 郑曼青.郑子太极拳十三篇［M］.台北：大展出版社，1981：39-40.

然微动易测，未动难知。苟能于未动，听而知之，其庶乎阶及神明矣。曰："无他，气由乎筋、脉、膜、膈。……气由于筋，不失常态，知其欲防御；由于脉，知其欲潜藏，而生变化；由于膜，将充溢于表，知其将发劲也；由于膈，知其敛气，欲退而撤击矣。此为懂劲之极致，精矣，至矣，蔑以加矣！"①

目之所注，神之所到，气已随之。气能运身，不待动心。而神可以挟气而行，是为神力，亦可谓之神速。②

郑曼青认为，听劲是指借己方身体之气与对方身体之气相接触，来感知对方动静的过程。懂劲是指在双方身体之气相接触的基础上，即使对方微动甚至未动，己方也能知晓对方的行动意图。按郑曼青的观点，未动而知的原理是：在人具有行动意图而未行动之时，不同的行动意图会使气的运行状况在身体某些器官和组织——筋、脉、膜、膈中表现出差异，如此，己方能够感知对方筋、脉、膜、膈中气的运行状况，从而判断对方的行动意图。阶及神明之时，气可以自动运行和随神运行，并且在神的指挥下达到"神力神速"的境界。

郑曼青认为，人们应在平时树立起养生的意识，而"养生以气为主"③，所以人们应在各项日常活动中实践太极拳的练气之法。

---

① 郑曼青. 郑子太极拳十三篇［M］. 台北：大展出版社，1981：40.
② 郑曼青. 郑子太极拳十三篇［M］. 台北：大展出版社，1981：40-41.
③ 郑曼青. 郑子太极拳十三篇［M］. 台北：大展出版社，1981：27.

拳论谓"以心与气相守于丹田"，此即求放心，止于至善，直养无害。勿助勿忘，使浩然气，油然而生。能是，立功、德、言三不朽，可以操券，从事他业无虑矣。①

养气之功，即求放心已耳。能如此，则终日无一时不在太极拳运用之中。②

"气沉丹田与心相守之法"在此被郑曼青称为"求放心"，它更加强调在熟练练习的基础上形成一种心态。郑曼青认为，练习者平时照此练习可以保持健康，为实现儒家积极入世、有所作为的人生理想打下坚实的基础。

第三节　有关形体的认识

郑曼青的身体知识中最重要且成系统的是阴阳与气的内容，而有关形体的认识是相对次要且零散的，它多建立于"阴阳—气"的理论基础之上。例如，郑曼青对心、膂、丹田、任脉、督脉、骨髓等的认识即是如此，见表5-1。另外，在郑曼青看来，对形体的调整往往是首先进行且易于把握的步骤，它是为实现身体的阴阳平衡和专气致柔而服务的。例如，郑曼青谈到太极拳练习程序的第一阶段要求自肩至腕、自胯

---

① 郑曼青. 郑子太极拳十三篇 [M]. 台北：大展出版社，1981：26-27.
② 郑曼青. 郑子太极拳十三篇 [M]. 台北：大展出版社，1981：27.

至踵、自尾间至顶的松柔，它能为第二阶段中练习气的运行做好准备。郑曼青在谈到气沉丹田时，认为"初学沉气不易。肩稍沉，肘稍垂，则气可引至胃脘。胸微陷，背微弓，则气可沉至丹田矣"[①]。

　　郑曼青在谈到对"心"的认识时曾列举儒家、佛家、道家的观点，他认为几种观点大同小异，"惟太极拳却有进乎是焉，正犹所谓'不如见诸行事之为深切著明矣'"[②]。郑曼青认为，太极拳练习者因追求健身功能、技击功能而展开了具体的身体运动实践，从而获得了关于形体的"深切著明"的认识。郑曼青对于形体的认识见表5-1。

表5-1　郑曼青对于形体的认识

形体的器官、部位、组织、关窍	郑曼青的相关认识	说明
心	心者，非谓肉团之心也，乃心灵之心也。心灵之心，与肉团之心，本非二，亦非一也。即肉团之心之能有作用，而灵乎一切者，乃心灵之心也[③]	郑曼青认为，心灵之心与物质之心有关，但在两者的关系中心灵之心为第一性

---

① 郑曼青. 郑子太极拳十三篇 [M]. 台北：大展出版社，1981：38-39.
②③ 郑曼青. 郑子太极拳十三篇 [M]. 台北：大展出版社，1981：14.

形体的器官、部位、组织、关窍	郑曼青的相关认识	说明
脊	脊有二十四节,为人身最多节之主骨,五脏六腑系焉,五体躯干赖以支撑①	郑曼青说脊为脊柱,他认为其在形体之中的作用极大,除了五脏六腑系于脊柱,形体也靠脊柱支撑。所以脊柱骨节端正是极为重要的,不端正则会造成疾病。正是在这个意义上,郑曼青解释"正襟危坐"的"危"是危险之意,即稍不注意身体形态,脊柱骨节就有倾侧的危险。对这种危险的感知和防控是高水平太极拳练习者所具备的一种敏锐的身体感知能力
	脊多节若串珠然,累叠而起,稍不将意,则倾侧,或曲凸而倒矣,则不复有力,得能支撑其躯干矣。其为病,小则为骨疽骨痨,大则即如天柱之折矣,岂不危哉?……曰:竖起脊梁,竖起者,正若串珠累叠,弗令其倾侧而已②	
丹田	丹田者,气海也,在脐下一寸三分③	郑曼青认为丹田是积气之所,并将其比作一个气囊
	……丹田者,不过若一气囊耳④	
任脉和督脉	任督居奇经八脉之首。任,心主之;督,脊主之,脊即属于肾。以体用分而言之,则脊为体,心为用。合而言之,则心肾交,而体用全矣⑤	任督二脉为奇经八脉之首,郑曼青认为两者分别由心、脊所主,脊属于肾,因此任督二脉的关系也就是心、肾的关系。气沉丹田后经尾闾、上脊柱、达头顶即可实现"任督通而心肾交"

---

① 郑曼青.郑子太极拳十三篇[M].台北:大展出版社,1981:14.
② 郑曼青.郑子太极拳十三篇[M].台北:大展出版社,1981:15.
③ 郑曼青.郑子太极拳十三篇[M].台北:大展出版社,1981:12.
④ 郑曼青.郑子太极拳十三篇[M].台北:大展出版社,1981:7.
⑤ 郑曼青.郑子太极拳十三篇[M].台北:大展出版社,1981:13.

形体的器官、部位、组织、关窍	郑曼青的相关认识	说明
骨髓	使热气灌溢乎骨中，闭而不出，少顷则精所化之气仍归乎水。既而渐为腻液，腻液复化为有质之体，是为骨髓，贴乎骨内也，犹若镀镍镀金焉。古人所谓"功夫日长一纸"，正谓此也①	郑曼青认为，丹田之气入骨内经过几种形态变化之后的精粹为骨髓，骨髓充盈可以使人臂膊沉重，具有纯刚之力
筋、脉、膜、膈	能收缩骨节，曰筋；得循环血液，曰脉；膜，在肌肉间，裹筋与骨，及脏腑皆有之；膈，肝隔也。气由于筋，不失常态，知其欲防御；由于脉，知其欲潜藏，而生变化；由于膜，将充溢于表，知其将发劲也；由于膈，知其敛气，欲退而撤击矣②	郑曼青介绍了筋、脉、膜、膈的位置与功能，他认为人行动意图的变化会使气的运行状况在这四者中出现显著的不同
尾闾与夹脊	其转变时，要注意尾闾与夹脊得中，方为不失中定③	郑曼青认为在两手、两足转变虚实时，要注意分别感知和把握夹脊④与尾闾的位置

① 郑曼青. 郑子太极拳十三篇 [M]. 台北：大展出版社，1981：5.
② 郑曼青. 郑子太极拳十三篇 [M]. 台北：大展出版社，1981：40.
③ 郑曼青. 郑子太极拳十三篇 [M]. 台北：大展出版社，1981：46.
④ 夹脊：太极拳运动中所说的夹脊是指身体呈俯卧姿势时处于两肘尖连线上的背部正中处。

第四节 人与动物身体的比较

郑曼青在《益脏腑第九》一篇中，比较了动物①和人的身体，他认为是否直立行走和活动造成两者在脏腑间的空间结构上存在差异，进而对两者的健康状况产生了重要影响。

> 兽之脊骨梁横，不能人立，则五脏六腑虽同系于脊梁，然前后次第平悬。稍一跳跃，则各脏腑皆能前后动荡，可使每脏腑系于脊梁之宗筋，易于壮盛，故强于人，以此。人能立，而脊梁竖起，则清浊分、智慧足，而灵乎兽矣，亦以此。然刚猛之力退化殆尽，亦是故也。何也？脊梁能竖起，则脏腑直系，上下壁立，累叠拥挤于一团，以致各脏腑之皮与皮黏连，湿热以熏蒸之，则脾胃先受其害，继之，则肺肠及脏腑病矣。②

郑曼青认为，动物与人的脏腑生长于宗筋③之上，宜于舒展和活动。而且动物在进行爬行、跳跃等活动时，其脊骨平行于地面，这使其脏腑能够前后动荡，舒展活动，从而容易达到良好的功能状态。脏腑的功能良好，又可以促进宗筋壮盛。而人则不然，因为直立行走和活动，

---

① 动物：此处专指哺乳动物。

② 郑曼青．郑子太极拳十三篇［M］．台北：大展出版社，1981：28.

③ 宗筋：功能重要的大筋，郑曼青称脊骨为宗筋。

人的脊骨竖立，所以脏腑受重力的影响累叠拥挤在一起，这样胸腹内的湿热难以散发，脾胃、肺肠会先后出现病态，进而影响其他脏腑。综上，直立行走对人的影响巨大，一方面，它使人"清浊分、智慧足"——人的形体重浊而下沉，精神清明而上升，直立行走的形体姿态使两者分化得更加明显，精神上升汇聚于头，所以人更加智慧；另一方面，因为脏腑的功能受到影响，所以人的生理机能、运动能力出现了严重的退化。

与之相关有一个有趣的问题。传统文化中，中国人一直认为在身体运动能力和身体健康方面，人要远远逊色于动物，是要向动物学习的。例如，武术当中有大量模仿动物行为的招式，太极拳中就有白鹤亮翅、野马分鬃、金鸡独立等招式；武术中还有模仿动物的身体活动方式而产生的完整拳种、套路，如螳螂拳、形意拳十二形等。就连有关太极拳起源的传说也不例外。民国时期，有关张三丰创拳说的一种广为流传的说法是：张三丰是看到蛇鹤相斗的场景，观察到蛇"击其首则尾至，击其尾则首至，击其中则首尾俱至"[1] 的运动特点才创造太极拳的。在中国传统的养生活动中，模仿动物动作而创编的最有名的健身法就是五禽戏。还有很多事例说明人们相信动物在身体运动能力和身体健康方面强于人，人应该向动物学习。[2]

虽然郑曼青也认为动物与人的身体有强弱之别，但与传统文化中对相关内容的阐释不同，他创造性地将动物与人身体有强弱之别归因于是否直立行走和活动。虽然郑曼青可能受到了近代生理学、进化论相关知

---

[1] 出自《孙子兵法·九地》，后人有意思相同的众多说法。
[2] 这种观念的产生和人们的观察经验、天人合一的思维方式有关。

识的影响，但是其观点仍然带有“阴阳—气”论身体观、中医理论的
风格以及个人经验体悟的特点。

郑曼青认为，走路对于改善人的脏腑状态有一定作用，但该作用非
常有限，不能从根本上解决这一问题。

> 而人莫知其然，犹以为足善行，可致健，抑亦末矣。足善行，
> 比懒动较佳，然多行则伤筋。而各脏腑虽稍受震动，而仍累叠黏
> 连，不能作松灵摩荡。则直系下垂之宗筋，无运动之可能，必日见
> 衰弱无疑矣。[①]

郑曼青并不认为人只有模仿动物爬行才能有益于脏腑，而是认为唯
有太极拳的气沉丹田练法才能从根本上解决脏腑堆叠导致的问题。

> 丹田居腹中，位于脐下一寸三分，脏腑均在丹田以上。气能沉
> 丹田，每一呼吸，则脏腑俱能松动，随呼吸而开合。助之以运动之
> 方，稍一转腰舒臂，含胸迈步，则脏腑俱能空灵动荡。不独宗筋日
> 见其强，则湿热皆能透达，而不足为病。且膂力、心力、脑力，亦
> 皆随之而长。其所获益可概言焉，是即气沉丹田，可使脏腑能各个
> 自为运动之所致。[②]

人直立时，丹田在脏腑的最下方，所以气能沉丹田，而且气在出入

[①]　郑曼青．郑子太极拳十三篇［M］．台北：大展出版社，1981：28.

[②]　郑曼青．郑子太极拳十三篇［M］．台北：大展出版社，1981：29.

往来的过程中，可以在脏腑之间运行，从而使脏腑松动，在这种情况下，辅以太极拳动作，就能使脏腑"空灵动荡"。① 脏腑功能是生理功能的核心，所以脏腑得以舒展运动可产生多方面的效用：使脏腑附着而生的宗筋更加强大；脏腑间的间隙和气的通行可以使湿热从体内透出，不至于瘀滞于内；强大的脏腑功能能提升人的整体健康水平，使人更具生命活力。

　　虽然郑曼青从比较人与动物身体的角度展开了讨论，但最后的落脚点还是太极拳的气沉丹田练法在提升脏腑功能方面的有效性和重要性。

第五节　联想、想象与顿悟：
理解身体和改变身体的思维方式

　　郑曼青在撰写《郑子太极拳十三篇》时大量应用联想思维，将身体与自然界的现象进行联系类比，从中获得启示与认知，以此来理解身体的生理机制和身体运动的原则、方法。

　　　譬如齿固刚而舌柔，齿与舌或有时而龃龉，则舌固吃其亏于一时，然齿均以刚摧，而舌终以柔存。②

---

① 郑曼青在论述气的运行问题时，除了提出练气能增加脏腑间的松动从而有益于其发挥功能这一观点，其余观点与陈微明、徐震等人提出的练气以求气通行于脏腑之间的观点并没有什么不同。

② 郑曼青. 郑子太极拳十三篇［M］. 台北：大展出版社，1981：1.

人之腹部蓄水独多，犹天谓腹内松净。及水之害，大则若洪水横流，小则如决堤冲堰，以及大水与淫雨霉天之类。①

亦犹草木之萌芽矣，及其壮而至于老，不复有生生之意，则刚强矣。若木强而易折，去死不远。②

孟子所谓养浩然气，至大至刚，则塞乎天地之间，即是也。风与水之积力易见，亦易知。惟云与气之积力难见，亦难知。有飞机后，始知黑云中有雷电，触之必成齑粉，无幸免也，可知矣。至积气能载天地，更何论矣？神力神速，诚有雷电之意，存乎其间。③

肺，古人喻之为悬钟，是以击之能发声，声可扬远而清。如卧钟于地，击之则声哑，可知其失效用矣。④

以最后一条引文为例，郑曼青引古人说法，将肺脏联想类比为悬挂的钟，如果钟卧倒在地上，那么对其进行击打也不能使其发出响亮的声音。郑曼青以此来说明人卧床休养不利于肺脏功能的发挥和肺病的康复。

这种联想类比，背后反映的是中国文化中天人合一的深层观念。为什么人与自然物象可以进行联想类比？为什么自然物象可以给予人们关

---

① 郑曼青．郑子太极拳十三篇［M］．台北：大展出版社，1981：3-4.
② 郑曼青．郑子太极拳十三篇［M］．台北：大展出版社，1981：8.
③ 郑曼青．郑子太极拳十三篇［M］．台北：大展出版社，1981：41.
④ 郑曼青．郑子太极拳十三篇［M］．台北：大展出版社，1981：32.

于身体的启示和认知？① 因为从天人合一的观念来看，万物都是由气构成的，天与人之间具有深刻的一致性，本质上没有不同。并且天与人本该是一体相融的，能够领悟和恢复天与人的联系是获取真知、提升境界的必由之路。郑曼青推崇养气达到"塞乎天地"的境界，他认为这是一种天人合一的至境，此时就太极拳而论，天地间风力、水力、雷电的巨大能量某种程度上也可以显现于人的身体运动之中。②

《郑子太极拳十三篇》中的部分联想与太极拳实践有更深的联系。郑曼青将太极拳中某些练习、应用的原则与方法类比为"游泳""拉锯""不倒翁""以绳牵牛"等事物和活动。练习者可以借此进行联想，感悟这些事物和活动与太极拳的相通之处，从而获得某些启发，促进身体状态的改变。郑曼青详细分析了这些事物和活动与太极拳的联系，并以此指导练习者如何入手获得灵感。

下面，以"拉锯"的联想为例进行解释。

> 即掤、捋、挤、按之推手也，往复相推，喻之以拉锯。拉锯者，彼此用力均匀，则往复可以畅通无阻。如一面稍欲变化，则锯齿随处可以扎住，如彼使之扎住，则我虽欲用力不得拉回时，只可用推力送之，便可复得相推如初。此理在太极拳之推手上，有二

---

① 实际上，郑曼青用来与身体进行联想类比的不仅是自然物象，在他看来，蕴含于这些物象中的自然规律是相通的。

② 谈到传统文化中的这种联想类比，可以把《周易》名言"天行健，君子以自强不息；地势坤，君子以厚德载物"作为一种典型。为什么在说天和地的性质之后马上谈到人应该具有的品德呢？这句名言体现的也是一种深入骨髓的天人合一观念：人与天、地一体，天、地所具有的性质就是人应具有的德性。道家思想也非常明显地具有这种特点，此处不再赘述。

意：一曰、舍己从人，顺其势，可以得化劲与走劲之妙用；二曰、彼微动，己先动，此即彼欲用推力送来时，则我亦先之以拉力拉回。彼如以拉力拉去时，则我亦先之以推力送之去。

按拉锯之喻，其理可谓透澈之至。①

郑曼青认为，拉锯双方的用力关系，能够为太极拳"舍己从人""彼微动，己先动"的用法提供一种简易的经验提示，易于人们理解和把握太极拳的应用要领。

郑曼青提出了为实现某种太极拳练习要求而假想的情景，练习时进行这种想象可以使身体处于一种特定的状态。例如，为了达到"虚灵顶劲""顶头悬"的身法要求，可以想象"譬如有辫子时，将其辫子系于梁上，体亦悬空离地，此时使之全身旋转则可"②。

郑曼青还提到一些难以解说得详尽清晰的口诀，如果练习者能顿悟，就会对提高太极拳水平发挥重要的作用。他介绍了杨氏"磨转心不转"的家传口诀，并说"余得此意后，自觉功夫日见进境"。③ 至于杨氏家传口诀"我不是肉架子，汝为什么挂在我身上"，更是类似于禅宗中的话头，郑曼青说此语"用意深刻，幸细观之"，若能参透，就会使练习者对太极拳的理解和把握产生质的提升。④

郑曼青强调联想、想象、顿悟等思维方式的重要作用，这表明太极拳练习者重视从精神层面入手调整身体状态，注重从身体与自然万物的

---

① 郑曼青. 郑子太极拳十三篇 [M]. 台北：大展出版社，1981：47-48.
② 郑曼青. 郑子太极拳十三篇 [M]. 台北：大展出版社，1981：46.
③ 郑曼青. 郑子太极拳十三篇 [M]. 台北：大展出版社，1981：47.
④ 郑曼青. 郑子太极拳十三篇 [M]. 台北：大展出版社，1981：48.

相融相通之处进行感悟，并以此作为提高功夫水平的重要途径。太极拳的这种特点与中国传统艺术"外师造化，中得心源"①的理念是一致的。

第六节 与身体有关的科学问题

一、科学之验证

郑曼青深信、推崇太极拳的传统身体知识，同时他已达到很高的实践水平，并且他对科学技术的进步作用也抱着肯定和支持的态度。他在学习、观察、交流等活动中，尤其是在能够接触到近代科学技术的时候，展示出了极大的兴趣，想要为太极拳的传统身体知识寻找近代科学技术的验证。

> （曹仲氏）去而之西国医博士之家，举以告之。曰："气沉丹田有近似者。近年有法兰西医师之人体解剖，而发现腹部肠与肠相连之网膜中，有一若囊者。惟运动家则囊之皮独厚，以拳或棒击之，其囊能上下抵御之。中国人所谓丹田，或即此囊乎？"②

郑曼青在文中也说丹田像一个气囊，这或许是因为他听到并认可了

---

① "外师造化，中得心源"是唐代画家张璪所提出的艺术创作理论。"造化"即大自然，"心源"即作者内心的感悟。"外师造化，中得心源"也就是说艺术创作来源于对大自然的师法，同时艺术家内心对大自然的感悟和构设也是不可或缺的。

② 郑曼青. 郑子太极拳十三篇 [M]. 台北：大展出版社，1981：4.

曹仲氏转述的这个说法。当然，郑曼青认为这个囊是因气的运行才能发挥作用，这与曹仲氏和某医学博士持有的此囊本身具有防御作用的观点并不完全相同，并且郑曼青介绍有关解剖发现的信息非常简略、随意，具有明显的非专业性。

郑曼青认为，气的特征和作用在一些科学技术或科学实验中都能得到体现。

> 所谓"以心行气，以气运身"者，皆运而后动也，即犹电车汽船然，藉气之力，运之后动。①

> 精能化气，其气之热譬犹电然。电之能透度乎水土及金属，莫之能御，况尾闾及脊骨乎？②

> 空气重于铁，即我友曹仲氏昔年以世界科学家之新得，告于余曰：空气可使重于铁之试验，其法以一铁匣，将空气用极大之压力装入。旋即将此匣以作炸弹之用，则炸力远胜于炸弹。余疑之，至今未释。近自原子弹发明试用后，则空气重于铁之说，何足怪哉？③

郑曼青认为，气受心意的指挥先形体而动，即心动、气动之后形体动，这和车、船要通电或通蒸汽才能运动是一样的；丹田内的气积累到

---

① 郑曼青. 郑子太极拳十三篇［M］. 台北：大展出版社，1981：3.
② 郑曼青. 郑子太极拳十三篇［M］. 台北：大展出版社，1981：5.
③ 郑曼青. 郑子太极拳十三篇［M］. 台北：大展出版社，1981：13.

一定程度时也能像电在导体中通行一样，可以穿过体内物质的阻碍；空气在压力增大等条件下会具有巨大的能量，身体的气也是如此。

郑曼青对相关科学实验和现象的描述并不严谨，他在身体经验的基础上，推想身体之气的性质与电和空气的性质具有某种相似性，身体的运动机制与车、船的运动机制具有某种相似性，这与近代科学实证、定量的思维方式和研究方法有显著的不同。

　　　　而神可以挟气而行，是为神力，亦可谓之神速。物理学：以速乘力，其效能未可限量。①

专业科学人士不能接受郑曼青使用物理学中的功率公式去解释无形的神气运动现象。但是郑曼青认为，从身体经验来看，神气运动中力与速度的存在都是确定不移的，虽然不能得知其具体数值，但是如果参照功率的公式，将神气运动的力与速度相乘，就能得到很大的数值，这可以说明身体神气运动蕴含着巨大的能量。

郑曼青并没有接受过完整、系统的科学训练，从科学的角度看，他以科学知识来解释和验证太极拳的传统身体知识的说法很多都是不确切、不规范、不具备当时的专业水准的。他的思路是：太极拳的身体运动是符合自然之理的，而科学也受自然之理的支配且更加具体可见，两者会表现出某些相通性，即文中所说"哲学，即未来之科学也"②"太极拳发源于哲学，而证之以科学"③。郑曼青的身体知识主要由经验感

① 郑曼青. 郑子太极拳十三篇 [M]. 台北：大展出版社，1981：41.
② 郑曼青. 郑子太极拳十三篇 [M]. 台北：大展出版社，1981：4.
③ 郑曼青. 郑子太极拳十三篇 [M]. 台北：大展出版社，1981：6.

悟而得，他以科学论证太极拳的传统身体知识的一些具体看法也是建立在这样的经验感悟基础上的，这与近代科学的思维方式和研究方法迥然不同。

与科学对于太极拳的传统身体知识的解释和验证相比，郑曼青还是更加信赖身体经验的验证，尽管他也知道身体经验的真实与科学事实有时并不是一回事。例如，郑曼青介绍高水平太极拳家的骨因骨髓充满而非常沉重时说，"吾师澄甫之臂，其重过于常人不啻十倍"①。杨澄甫的手臂重量超过常人不止十倍，这必然不是一种客观的测量，而是与杨澄甫练习太极推手之人的一种身体经验反馈。再如，郑曼青介绍太极拳陆地游泳练习法时，认为这种练习"极其至也，则知空气重于水，且重于铁也"②，虽然他不会认为空气的比重大于水和铁，但这并不妨碍太极拳练习者追求"空气重于铁"的体验。

这样一些体验是与太极拳的练习实践直接相关的，是练习者追求的目标，并且郑曼青认为体验是可以感受、传递的，所以在郑曼青眼中身体经验验证与科学验证相比是更加重要和根本的。

二、关于"劲与物理"

郑曼青在撰写《劲与物理第七》一篇时，力图阐明太极拳应敌致胜的科学原理。以学科划分的眼光来看，郑曼青所论问题主要属于运动生物力学学科。

---

① 郑曼青. 郑子太极拳十三篇 [M]. 台北：大展出版社，1981：5.

② 郑曼青. 郑子太极拳十三篇 [M]. 台北：大展出版社，1981：13.

除在开篇提出太极拳之"体圆"是效法自然之外①，郑曼青在此篇中广泛引用已有的科学知识，并说明它们在太极拳技击中是如何体现的。

郑曼青首先分析了圆形所具有的"一中同长"、向心力和离心力平衡、圆内包含无数三角形的特点，并以这些科学知识为依据论述了身体"圆运动"导致太极拳具有意图隐蔽、整体运动、圆转走化和三角形进攻等技击特点的观点。郑曼青又谈到杠杆、滑轮的机械原理在太极拳中的应用，以及力的分解在太极拳技击中的应用情形。总体来看，《劲与物理第七》一篇内容较为繁杂，郑曼青对所述问题的分类不够清晰，阐释问题的体例、层次也不统一。

此篇所引述的科学知识并不复杂，且在民国时期已经较为普及，关键问题是，这些科学知识应该怎样适用于太极拳复杂的身体运动？

郑曼青认为，太极拳发劲时力的方向应取直线且通过对方的圆心，如果将圆心理解为重心的话，那么使用有关重心的科学知识是没有问题的。但是除此之外，《劲与物理第七》一篇中的其他内容都存在科学知识如何适用于太极拳身体运动研究的问题。

对运动生物力学展开研究首先要有合理的人体简化模型。因为人体构造和人体运动极为复杂，所以要研究人体运动首先要对人体进行必要的简化和抽象，建立能够在运动中代表人体力学本质的人体简化模型。人体简化模型一般为质点模型或刚体模型。②③

---

① 郑曼青．郑子太极拳十三篇［M］．台北：大展出版社，1981：15.

② 陆阿明，赵焕彬，顾耀东．运动生物力学［M］．4 版．北京：高等教育出版社，2018：73-75.

③ 陆爱云．运动生物力学［M］．北京：人民体育出版社，2010：32-36.

在未阐述原因的情况下,郑曼青先将人体简化为一个圆形或球体,随后探讨了圆形和球体的性质并将其适用于人体运动。然而,在此篇后半部分中,他并未对杠杆、滑轮的机械原理如何适用于描述双方的身体运动予以说明和论证。

从运动生物力学研究的角度来看,刚体模型与圆形和球体差距过大,所以将人体简化为刚体模型时,是不存在将人体简化为圆形或球体的情况的。另外,采用某种人体简化模型是需要经过严格论证的,文中对杠杆、滑轮的机械原理的适用性也缺少论证。

从近代科学的角度来看,郑曼青对人体运动力学问题的论述不符合专业规范,也不具备专业水准。郑曼青所谓"科学知识"与太极拳实践经验的关系更加密切,实际上,从太极拳练习者,特别是达到一定水平的太极拳练习者的角度来看,郑曼青谈到的科学知识,是大量实践经验的抽象化概括,它们更像是一种感悟思维的产物,可以在太极拳的身体运动中被感受和验证。例如,将身体训练成具有弹性、可以旋转变化的圆形或球体[①],是太极拳练习者有意追求的目标。这并不是身体形状的实际变化,而是在不断调控身体运动的过程中结合自身感受因素而产生的体验结果,与反映人体形状的刚体模型有显著差别。

三、治疗肺病的问题

《郑子太极拳十三篇》中专设《起肺疾第十》一篇谈论治疗肺病的问题,此篇不仅论述了太极拳如何治疗肺病,还从中医学的角度讨论了

---

① 太极拳运动中某一方向上的圆转运动的线路呈圆形,而多方向上的圆转运动的线路呈球体。

治疗肺病的原则与方法，其中还涉及中医、西医比较的问题。医学角度的内容与太极拳角度的内容，都以对身体的认识为基础并且都以追求身体健康为目标，两者也因此具有紧密的联系。

郑曼青不仅精于中医理论，还富有治疗经验，所以他在治疗肺病上，具备足够的专业性。郑曼青从中医学角度对太极拳治疗肺病的原理进行了阐释，见表5-2。

表5-2　郑曼青对于太极拳治疗肺病有特效的相关看法①

不同类型的肺病	中医病理分析	太极拳治疗肺病有特效的原因
肾亏所致肺病	肺病十之六七，是肾亏起因 所谓肾为肺之子，以肺之津液输与肾。肾亏则精水枯竭，而肺亦致损，则供不应求矣。且以肾虚，虚火愈炽，则灼肺，而使肺亦枯燥，或致萎，而成痨矣。又谓肺为标，肾为本，犹树木然。本将坏，而枝叶先枯，或致殒落。况肺最为脆弱，其先肾而见病无疑	太极拳以气沉丹田，为水火既济之功，原为固肾之不二法门。肾气既固，则肺气渐复
脾虚所致肺病	脾虚，即可致肺病者，脾虚则胃纳减，或消化不良。脾为肺之母，肺之气盖仰给于脾。如胃中有食，得脾磨而食化，食化则气旺，脾先得而受之，而后传乎肺，故为肺之母。譬如腹中饥饿，即脾胃先馁，而肺相继馁矣，言语无音，精神萎顿。此肺之失其所养，明矣	气沉丹田，则脾强胃纳有加，消化良矣，是有裨益于肺者

---

① 表中内容出自：郑曼青. 郑子太极拳十三篇［M］. 台北：大展出版社，1981：35-37.

续表

不同类型的肺病	中医病理分析	太极拳治疗肺病有特效的原因
肺病成痨	肺病成痨者，即咳嗽不已。肺气大亏，津液枯，而潮热作矣，以致肺萎成痨。吐血者其犹次之，肺萎则肺中无气	可知：气沉丹田，则气积，而肺气亦充满矣。佐之以至柔至缓至轻至微之运动，而使肺部渐开渐合，则肺不得而为萎。肺不萎，即有生机存焉，犹可以推陈而生新。肺不萎，虽云腐烂，则营养或药饵，可以发生其效用也。肺不萎，则可以渐渐转弱为强，自有更新之能力，可以有推动腐烂之作用，是谓之有特效

　　郑曼青认为，治疗肺病并没有特效药，太极拳是治疗肺病唯一具有特效的方法。他在中医藏象学说的基础上，说明了肾脏、脾脏与肺脏的关系，分析了肾亏、脾虚导致肺病的病理。他还依据中医津液理论，分析了肺病成痨的病理。这些病理分析体现了中医独特、鲜明的理论特点和思维方式。郑曼青认为，太极拳的气沉丹田练法可以强肾脏、健脾胃、充肺气，这是太极拳治疗肺病具有特效的原因。

　　在对肺脏、肺病治疗的基本认识上，郑曼青援引中医学"娇脏"的说法，认为肺脏脆弱，易于致病，但肺脏本身病变概率极小，"仅占百分之三四之可能"。肺病是因其他四脏六腑的失调而形成的，并且致病原因复杂，"风、寒、暑、湿、燥、火，以及七情六欲、损伤之类，皆可致肺病也"，所以治疗肺病并无固定单一的药物。中医在把握脏腑之间关系的基础上，并不注重使治疗手段作用于肺脏实体，而是强调调整体内气的运行，只要气的运行恢复正常，肺脏就可以慢慢康复，这种气化论治的方法可以使肺病治疗收到良好的效果，所以尽管中医认为肺脏脆弱，但是他们却对治愈肺病抱着乐观的态度。郑曼青又谈到他对西医某些特点的认识，并将西医和中医进行比较。他认为西医在民国时期进步神速，具有重要的影响。西医重视通过生理解剖了解人体，重视以医学手段作用于患病器官，但是肺脏的解剖学位置使西医的注射和药物等治疗手段不能直接对其发挥治疗作用，因此西医除了手术切除部分肺脏和卧床休养之外，针对肺病没有更好的治疗方法。虽然郑曼青承认西医具有优点，惋惜中医、西医"不能互相为用"。但他认为西医治疗肺病的方法是落后于中医的气化论治的。另外，当时有西医宣称某某药物是治疗肺病的特效药，这种说法遭到认为肺病病因复杂、不能单一用药的郑曼青的驳斥，他认为这是"欺诈"。①

在诊断方式上，郑曼青认为"X光镜之效能，竟有百分之几之可靠，正待考虑，未可尽信也"。他认为，有很多被X光诊断为肺病的病例，在中医看来其病因是"肺有痰湿壅滞而咳嗽"，是比较容易治疗的；另有被X光诊断为肺病的某些病例，在中医看来其病因是胸胁部有"气块"，使用中医方法也不难治疗，而西医却可能将其诊断为肺结核，并进行手术切除，这将对人体健康造成很大的损伤。② 对此，郑曼青举了郑震宇肺病的例子进行说明。

> 外交部吴国桢为部长时，有人事室主任郑震宇，余旧交也。其
> 左胁时发痛，已逾十载，乞余治之。余断为气块，逾时过久，须一
> 月方可以消之。震宇以时间太长，未暇就治。卅二年因公赴美，既

① 郑曼青. 郑子太极拳十三篇 [M]. 台北：大展出版社，1981：30-31.
② 郑曼青. 郑子太极拳十三篇 [M]. 台北：大展出版社，1981：33.

而病发。在华盛顿某大医院诊察，经三度 X 光镜照摄，断为肺结核，径大及寸。又经美之医学权威者研究，谓非割治不可，乃割治。从左胁开刀寻至腰至背，横截半腹，终不获结核之点，几至不毂。旋经大量输血，卧治六阅月始起。震宇广交，可以询其详也，馀如听筒更可知矣。①

郑曼青非常重视精神因素对治疗肺病的重要作用，他举了陈果夫患肺病数十年仍然能够正常生活的例子予以证明，并认为胆怯的人得知自己患有肺病后会精神丧失，病情加重。② 他又举了其耳闻和亲历的两个事例说明这一观点。为保证真实性，郑曼青每举事例总是尽量准确叙述时间、地点、当事人、知情人等信息，以便他人查证。

余邑有病者二，之医所。医诊毕，属护士给药。曰："甲，肺病，属其善休养；乙，伤风，服此药可愈。"护士将甲、乙药错与，亦告之云云。不二月，医遇甲于途，见其精神焕发。曰："病孰愈?"曰："君护士告予伤风，服药便愈。"医惊而不语。归属人询乙，则乙已逝矣。医者与吾同学马孟容氏友善，告之曰："奇哉! 精神之作用也。"此马氏于十七年春，举以告余者。③

十九年初冬，有刘生慎旃者，以其郎舅程君，肺疾逾二年甚厉，乞余为之治，余许之。程君为居巢首富之独子也，中西医已遍

---

① 郑曼青. 郑子太极拳十三篇 [M]. 台北：大展出版社，1981：33.
②③ 郑曼青. 郑子太极拳十三篇 [M]. 台北：大展出版社，1981：31.

治之矣。刘生告之曰："予师神医也，不轻为人治病，今予以诚恳之，已诺。"亟去沪就诊。比至寓庐，余诊毕，饰辞以告之曰："人以君为肺病，误矣，君实热咳吐血。服药三剂，血即止。血止后，调理旬日可矣。"果如所言。在沪兼旬，而返。逾年余至巢见之，已强健逾恒矣。①

因此，郑曼青主张对于一般的患病者，不应该告知会引发其恐惧、焦虑情绪的病情信息，对于肺病患者"直告之以肺病，除精神与胆量不谈外，与病者不独了无裨益，且有促其速死之理"②。西医卧床休养的肺病康复手段，又会使患者在无所事事之中加重这样的情绪负担。郑曼青从中医学中心与肺的关系来分析，认为卧床休养时患者的情绪负担会加重肺病病情。

（西医）因告其有肺病，立属其静卧，多事休养。凡有心者，惟其心不能休息。虽卧而休养，其心之郁闷，恐比死而有加焉。是则体愈逸，而心愈劳，心劳则火炽，而灼肺矣，此中医所谓心火也。肺金也，火能镕金者，即以心克肺也。不转瞬可以燎原矣，此西医之所不知也。③

除了上述心理方面的原因，郑曼青还引用古人将肺脏比拟为"悬钟"的说法，从人体与自然物象类比的角度说明静卧会影响肺脏功能

---

① 郑曼青. 郑子太极拳十三篇 [M]. 台北：大展出版社，1981：31—32.
②③ 郑曼青. 郑子太极拳十三篇 [M]. 台北：大展出版社，1981：32.

的发挥，是一种错误的康复手段。

　　肺，古人喻之为悬钟，是以击之能发声，声可扬远而清。如卧钟于地，击之则声哑，可知其失效用矣。今使病肺者，多卧勿动，则肺之呼吸，不能全部任意开合，必日渐衰弱，安可治也?①

郑曼青认为，多卧还会对脾脏和肾脏造成损伤，使身体的生理功能衰退到难以救治的程度。

　　且多卧，则消化之力减，纵有营养，无所施为。多卧则督脉之用弛。督脉者，脊骨也，人之躯干，此骨主之。消化力减，则脾脏就衰；督脉用弛，则肾脏致损。脾肾两伤，其将何以救药，非余所知也。②

郑曼青又强调，治疗肺病应根据中医理论辨证论治，盲目服用各种营养品反而可能加重病情。他还列举了大量民间治愈肺病的偏方③，认为其能切中病症，自然有效，同时他列举了行医过程中遇到的多个肺病治愈的案例，强调调整情绪、辨证施治并非不能使肺脏康复。

---

① 郑曼青. 郑子太极拳十三篇［M］. 台北：大展出版社，1981：32.
② 郑曼青. 郑子太极拳十三篇［M］. 台北：大展出版社，1981：32-33.
③ 郑曼青. 郑子太极拳十三篇［M］. 台北：大展出版社，1981：33-34.

第六章

结　论

第一节　民国时期五人太极拳的
传统身体知识的比较与演进

一、民国时期五人太极拳的传统身体知识的比较

陈微明强调太极拳的身体运动与道家哲学的内在联系，认为气的运行是身法等太极拳练习要领的内在依据，而太极拳的练习要领既体现了健身功能又体现了技击功能。陈微明在说明太极拳"用意不用力"的运动特点时，强调"意"在身体运动中的重要作用，并对"用意"的健身和技击原理做出阐释。陈微明强调要协调种种运动关系，形成身体整体运动状态，并突出强调这一过程中意识与形体的结合。他认为，太极拳技击功能的发挥依赖于通过拳架、太极推手、散手等训练程序形成的特定的中正安舒的身体状态和听劲感知的能力，它们可以使身体具有不同寻常的技击能力。

陈微明提出的腹部在太极拳的身体运动中具有核心作用的观点被他

的弟子胡朴安继承和发展。胡朴安以此为基础和线索构建了一个简明的理论体系。他认为，以腹部为中心的身体运动方式合于太极的内涵，他在进一步分析太极拳由腹部带动、发动的运动规律之后，提出了太极拳的整体运动、柔和运动的运动特点，并依次说明了太极拳体松、气固、神凝的练习内容和步骤。胡朴安认为，太极拳具有的健身价值、太极拳作为大众健身手段具有的经济性和广泛适应性优势与太极拳运动本身所具有的规律、特点有紧密的内在联系。胡朴安以腹部在身体运动中具有核心作用的认识为基础，对太极拳的主要理论问题做了整合与梳理，其逻辑性甚强。但是胡朴安的理论较为简略，对一些问题的探讨并未充分展开，因此显得缺少深度和个人创见。

向恺然的太极拳学习经历和知识见闻非常丰富，他勤于思考，敢于质疑，能够突破教条与陈规，有志于建立统一、简约、务实的太极拳理论体系。向恺然强调，太极拳的身体运动完全体现了太极、阴阳哲理的内容——太极拳的身体运动方式以圆为特点，这体现了太极的内涵；身体"圆运动"中对立统一的种种关系则是阴阳的体现。向恺然对太极、阴阳哲理，太极拳的身体运动特点以及两者对应关系的阐释较为通俗且带有一定直观性。向恺然强调把握身体"圆运动"的划分、包含、组合、转换关系，从而形成圆活的身体运动方式。向恺然反对将太极拳理论复杂化，他以平实的观点取代八卦五行理论来阐释"十三势"。他认为，太极拳的每一个动作都在动态平衡中追求对不同身体运动趋势的包含和把握，这就是"十三势"的根本含义。向恺然认为太极拳的身体"圆运动"可以形成太极拳劲，他从产生机制、运用特征、技击双方身体运动的关系层面进行分析，认为太极拳劲与一般拳术中的速度和力量因素相比，具有独特的优势。不过形成太极拳劲需要练习者改变主动用力的习惯，而且练习者只有在领悟能力、兴趣爱好、练习方法等方面具备一定条件并经过长期过程，才能形成太极拳劲。向恺然探讨的呼吸问题既是气的周身运行问题，又体现了一种阴阳关系，与太极拳的身体"圆运动"有紧密的联系。

徐震强调身体的可塑性，认为练习者在遵守太极拳的运动规律并进行长期练习后其身体可以在运动状态、感知能力等方面得到理想的改善。徐震对身体构成、身体机能等问题有若干具体的论述，"形—气—神"三层次身体观是徐震太极拳理论的重要基础。正是因为身体在"形—气—神"三个层次上具有由外而内、由粗而精的特点，所以逐步实现内化与精细化的练形、练气、练神的太极拳练习程序得以确立。关于"形—气—神"不同身体层次上的练习内容，徐震分别阐释了精细的身法要求；提出了"伏气"的方法；强调了"一"和"忘"在练神中的重要性。身体在"形—气—神"三层次上的划分只是相对的，徐震的理论充分体现了三层次之间的统一性和联系性。徐震所论的太极拳"三境诣"与"形—气—神"三层次身体观具有对应关系，他描绘了对"形—气—神"三层次分别进行改造后太极拳能够实现的在体验和技击应用方面的成效。另外，徐震对技击过程中的"时方"等因素的论述体现了主客观相融合的特点。徐震基于对身体的认识构建了中心明确、阐发深入的理论系统，其中有很丰富的传统文化内涵，特别是道家思想充盈其间。

郑曼青的研究融合了道家修炼、中医治疗等多领域的身体知识。郑曼青分析了身体中的水、火因素，认为身体存在水火不能相济、阴阳失去平衡的趋势，通过"气沉丹田与心相守之法"可以调和身体内水、火的关系，使阴阳相济，此方法本身也是道家的专气致柔之法——专气致柔与调和阴阳统一在太极拳的气沉丹田练法之中。能够气沉丹田之后，练习者又要按照"气宜鼓荡"和"神宜内敛"的要求分别做到以陆地游泳练习法练拳，以及积气和气"通三关"，最终使气进入骨中化为骨髓。郑曼青还认为，气沉丹田能够使人的脏腑之间出现松动，从而利于气通行其间，避免出现直立行走导致脏腑"累叠拥挤于一团"进而致病的问题。以练气和用气的不同水平为标准，郑曼青将太极拳的练习程序划分为三阶九级。此外，他以气理论解释了太极拳独特的听劲、懂劲、阶及神明的原理。郑曼青认为，勤加练习气沉丹田的养气法不但是练拳所必需的过程，而且在日常生活中有利于练习者收到极佳的养生效果。郑曼青关于形体的认识是相对次要、零散的，并且其认识是建立于"阴阳—气"的理论基础之上的。他认为，对形体的调整往往是首先进行且易于把握的步骤，是为实现身体的阴阳平衡和专气致柔而服务的。郑曼青强调，在理解身体和改变身体状态的过程中要充分使用联想、想象与顿悟的思维方式，这体现了中国传统文化鲜明的直觉感悟的思维特点。郑曼青在论述治疗肺病的问题时，不仅通过中医理论说明了太极拳治疗肺病的原理，而且对肺脏性质、肺病病理、治疗手段等问题都依据中医理论做出了阐释。他对于中、西医在若干问题上的比较，凸显了中国传统身体知识重视精神因素、惯于自然类比的特点。

从知识的体系、重点、具体内容、表述方式等方面来看，民国时期五人太极拳的传统身体知识之间存在很多明显的差异，这体现了经验知识个人化、非标准化的特点。但是五人所持太极拳的传统身体知识在核心内容上也有一定的相关性和一致性。

这些有关身体构成、身体机能的太极拳的传统身体知识主要是在太极拳运动中获取和验证的，是为理解和优化身体运动机制而服务的。五人并不强调必须首先在身体构成、身体机能层面形成完整的认识。与中医学等传统领域的身体知识或是运动人体科学等近代学科的身体知识相比，太极拳的传统身体知识在身体构成、身体机能层面上的内容显得较为单薄，但是身体构成、身体机能层面上的内容却可以为用太极拳的传统身体知识探索有利于实现健身功能、技击功能的身体运动机制提供必要的支撑。实际上，身体构成、身体机能、身体运动机制三个层面的知识在很多情况下是不能截然分开的。

在身体构成、身体机能层面上，太极拳的传统身体知识中居于重要地位的是关于无形的气、意、神的知识。气是身体的物质基础，意、神是身体的高级机能，五人对此均予以充分的关注并做出详尽的阐释。但是因为气、意、神是无形的，且练习者对它们的把握依赖于经验，所以对气、意、神单独进行阐释的内容容易落入某种难以言明的境地。事实上，五人更多地是将气、意、神的内容与更加具体的身体运动结合在一起谈论，相关内容经常体现于五人对身体运动经验细节的把握上。

五人谈论太极拳身法内容时，提出了对某些身体部位应有的姿态、形态的认识，而对身法的依据、效用的解说仍以对气运行经验的把握为基础，相关内容也较为简略。五人对某些重要身体部位，如尾闾、夹脊、腰、腹等的关注，主要集中于从力学体验上对其作为身体局部平衡点、身体重心①作用的感知，他们对丹田、腰等身体部位生理功能的解释与中医学和道家修炼知识有交集。② 无论是为了从力学体验上关注某些身体部位，还是为了发挥某些身体部位的生理功能，太极拳的传统身体知识都强调运动中精神对相应部位的准确感知和关注。

在身体运动机制层面，五人均强调在不同的阶段、以不同的形式追求身体的整体运动。他们强调身体运动的有序性和复合性，鼓励练习者形成稳定、灵活、精微、连续的身体运动机制。虽然形成这种身体运动机制的过程是形体的运动过程，但它需要精神感受、协调形体各部位的运动状态，正是在这一过程中，形、神得以融合。在实现理想身体运动机制的方法问题上，五人的认识各有所长，既有互为补充的内容，又有互相包含的内容。例如，陈微明强调在中正安舒的基础上求圆转变化，向恺然强调身体运动圆活是太极拳等武术拳种所共同遵循的运动规律，徐震提出在严谨的身法要求的基础上谈伏气，郑曼青提出"气沉丹田与心相守之法"。在技击双方身体运动关系的问题上，五人皆主张练习者应在身体整体运动的基础上增强身体感知能力——形成听劲感知能力，并借此与对方形成整体运动进而主宰战局。在太极拳的身体运动机制与其他身体运动机制相比较的问题上，总体来看，五人均持开放的态度，他们既在具体分析中肯定太极拳的身体运动机制具有优势，又充分

---

① 身体重心因个人生理结构、动作姿态的不同而有所不同，所以五人强调的具体位置有所不同。

② 五人对某些身体部位生理功能的解释与中医学和道家修炼知识有交集，但并不完全一致。例如，在心肾阴阳性质的认识问题上，郑曼青的观点不像中医理论那样，在说明心火肾水的阴阳关系后进一步对心、肾各自区分阴阳，而是强调心、肾各自分属的阴阳性质，说明"若任其性，炎上润下"会产生的危害，这更近于道家的认识，但是郑曼青又从中医学角度说明了水火未济会出现的病症以及气沉丹田、意守丹田的健身和治疗效用。

说明太极拳的身体运动机制因其复杂精细、与人的主动用力习惯相反等而具有极高的学习难度。

有意思的是，五人都将身体形象简化为圆形或球体，这与人体的实际形状有很大出入。虽然这与太极拳练习者两臂舒展、身体旋转的运动形象有一些关系，但最重要的是种种运动关系的平衡给予练习者这样的主观感受，或者说这是练习者在形神合一、身体有形与无形因素相融的运动中通过自我体验感知到的身体形象。

太极拳的传统身体知识所呈现的并不是纯粹静态客观的、完全齐整逼真的身体图景，它的本质是在融合身心的运动过程中所获得的经验性身体知识。正如日本学者汤浅泰雄的观点，他认为东方身心观着重讨论"（通过修行）身与心之间的关系将变得怎样"或者"身心关系将成为什么"①，在这个意义上，东方身心观最突出的特点就是"身心合一"②。汤浅泰雄认为，"身心问题不是一个简单的理论推测，而是一个实践的、生存体验的、涉及整个身心的问题。……我们必须认为，身心理论须以实践经验为前提。这一理论研究的基本内容并不仅仅由理性推测面获得，它须包括经验的证明"。③

二、民国时期五人太极拳的传统身体知识的演进

清末，太极拳的传承还依赖于师徒、亲族的私密传授，数种太极拳著作以手抄本的形式流传于少数练习者之间。此时出现在太极拳经典理

---

①③　汤浅泰雄．灵肉探微：神秘的东方身心观［M］．马超，等，编译．北京：中国友谊出版公司，1990：2.

②　汤浅泰雄．灵肉探微：神秘的东方身心观［M］．马超，等，编译．北京：中国友谊出版公司，1990：8.

论中的身体知识具有模糊性、简约性、多义性甚至隐秘性的特点。一些有关身体运动机制的观点虽被提出，但论之不详，且对身体运动机制缺少更具原理性和系统性的阐发。此外，人们并未树立起利用身体知识对太极拳的理论基础加以归纳和阐释的意识。

民国时期，战火频仍，国难深重，各界人士越来越深刻地认识到衰弱的身体是不能抵御外侮、自强自立的。于是，以武术为代表的民族传统体育备受关注，一时间全国上下形成了习武以救国的观点。太极拳作为"国术"的一种，因兼具健身功能和技击功能而成为人们寄予厚望的强民强国的重要手段。正如陈微明所说："太极拳之普及兴盛，可以强种国，固足欣幸。"① 另外，在民国时期的科学大潮中，西方体育形式和西方体育理论大量传入，西方体育研究重视体育科学的基础特点以及运动人体科学渐趋成形的发展状况在研究意识和研究思路方面对民国时期的太极拳研究者产生了影响。正如陆鸿吉在《太极拳浅说》的序言中写道的："吾国国技之高尚伟大允为世界独步，而欧美各国之体育家不尚血气之勇，于心理、生理方面兼修并顾，亦为吾国所不及。安得有人焉，以科学的方法、崭新的头脑研究国技的原则、原理，发挥而光大之，以为吾国体育界别开一新纪元者乎？"② 虽然太极拳研究者不一定利用科学知识阐释太极拳理论，但是西方体育研究中强调认识和了解身体的研究思路深刻地影响了他们。

以五人为代表的民国时期的太极拳研究者怀着强烈的危机感和责任感，为了通过推广太极拳强健民众、挽救国难，他们力求著作可读易

---

① 陈微明. 陈微明太极拳遗著汇编 [M]. 北京：人民体育出版社，1994：171.
② 徐致一. 太极拳浅说 [M]// 杨澄甫，等. 太极拳选编. 北京：中国书店，1984：序 8.

懂，在阐释太极拳理论时有意识地展开了对传统身体知识的探讨，在阐释传统身体知识时注重通俗化、具体化和系统化。五人的太极拳著作在整体思路和语言表达方面注重逻辑性、准确性，向恺然、徐震、郑曼青还对已经传入和正在普及的有关身体的西方近代科学知识做出了一定的回应。并且，太极拳研究者受西方体育科学的研究思路影响，"太极拳运动是身体的运动，了解身体是基础和必要的"这一意识变得清晰起来。

但是，五人太极拳的传统身体知识的演进特点与近代科学的发展特点有明显不同。具体而言，五人太极拳的传统身体知识之间存在互相影响，特别是在作为杨式太极拳传人的陈微明、胡朴安、郑曼青之间，但是这种相互影响是有限或模糊的。五人太极拳的传统身体知识的具体内容在时间上没有严格的积累、变革或发展关系。五人的总结与阐发主要依赖于个人的实践和感悟，因此五人太极拳的传统身体知识具有依附于人的点式分布特点，但是从五人太极拳的传统身体知识的丰富性、系统性方面来看，又可梳理出比较明显的发展脉络：根据《太极拳讲义》的序言以及《太极正宗》收录的《练太极拳之经验》可知，向恺然的身体知识系统已经基本形成，而后在陈微明、胡朴安、向恺然、徐震、郑曼青提出的理论中可以看到，太极拳研究者越来越自觉地将身体知识作为太极拳的理论基础。除了对身体运动机制的探讨，五人对身体构成、身体机能等方面的认识也越来越充实。可以说，五人对太极拳的传统身体知识的阐释愈加完整、深入，理论化、系统化趋势明显增强，并且其中越来越多地涉及近代科学知识。

三、太极拳的传统身体知识的基本特点

相比于含义模糊的太极拳经典理论和民国时期太极拳著作中常见的

较为零散、粗疏的理论内容，民国时期五人太极拳著作既具有重要的理论价值，又在当时的太极拳著作中具有一定的代表性。五人作为民国时期的文化精英同时具有坚实的太极拳实践基础，其太极拳著作能够在很大程度上反映出太极拳的传统身体知识的基本特点。据此对太极拳的传统身体知识的基本特点进行归纳，详细阐释如下。

第一，太极拳的传统身体知识强调从自然哲学的层面并借天人合一的思维方式理解身体。太极拳研究者注重从"太极"这一哲学术语展开认识，认为人来自自然，人的身体既是自然的产物，又是自然的一部分，身体的运动规律归根结底是由自然决定的，太极拳以寻求身体的自然本质、身体运动的自然规律为根本目标，因此太极拳在一定程度上也成了身体的自然本质、身体运动的自然规律的代表和象征。太极拳的传统身体知识鼓励人们积极地改变身体，而理想的身体改变并不局限于身体形态、身体机能等方面，因为身体与自然的对应和联系，通过太极拳不断深入地理解身体能够增进人们对自然的理解。反之，对自然的感悟也能够增进人们对身体的理解。

太极拳的传统身体知识认为，按照太极拳的运动规律进行锻炼，有利于提高太极拳练习者对己方身体的感知、调控能力，进而自然而然地提高太极拳练习者在技击中对双方身体运动关系的感知、调控能力，反之亦然。[①] 单人练习中的身体运动和双方攻守中的身体运动都遵循着相同的运动规律，太极拳练习者重视对身体运动根本规律的理解和把握。健身功能和技击功能统一于太极拳的根本运动规律之中，也就是说，实

①　在太极拳运动中，拳械套路的练习得法能够自然而然地促进练习者太极推手水平的
　　提高，太极推手水平的提高也会促进练习者对于套路的理解和把握。

现太极拳的健身功能和技击功能不是对两者加以区分、分别追求的结果，两者本来就统一于符合自然规律的身体运动中。五人论述太极拳多以技击功能为主线，但是他们也多次提到太极拳的健身功能可以在追求技击功能的过程中实现。

当然，通过符合自然规律的身体运动来改造身体、理解自然、同步实现技击功能和健身功能在很大程度上是属于理念、理想层面的内容，正如向恺然对太极拳拳理高妙和太极拳的技击功能表现不充分之间的矛盾关系的分析，太极拳功能的实现程度要以现实中的太极拳实践水平为依据，对身体本质、身体运动规律的感悟必然是一个长期的过程。

第二，太极拳的传统身体知识认为理想的身体运动是形神统一的，太极拳是追求形神合一的一种手段。太极是阴阳的统一和平衡，对身体部位（如心、肾）性质、功能的相对认识，对身体运动中各种相对运动关系（如刚、柔）的处理，都可以纳入太极、阴阳哲理之中。但是从根本上来讲，太极阴阳哲理体现于形神关系之中——形与神是身体最重要的阴阳关系，两者合一是最重要的太极法则。从这个视角来看，五人所论太极拳的各种具体运动法则——中正安舒、圆活、气沉丹田等，都是精神感知形体，精神指挥和调控形体运动的过程，正是在这一不断深入、精益求精的身体运动过程中，太极拳实现了形神的渗透和融合。尽管各家对太极拳的运动规律、运动特点、运动方法的表述并不完全一致，但是他们在不断深入、精细地追求形神合一的身体运动这一点上是没有任何差别的。

追求形神合一的身体运动会使太极拳练习者得到整体感体验——不仅是各身体部位进行运动时产生的整体感，还包括太极拳练习者在对一定范围内的时空进行感知时得到的整体感；不仅是己方身体进行运动时产生的整体感，还包括太极拳练习者在感知技击双方身体运动关系时得到的整体感。这种整体感是太极拳练习者在身体运动中的种种阴阳关系协调、平衡之后获得的体验。曲直、动静、呼吸等阴阳关系相比于形神关系处于具体、局部的层次，对这些阴阳关系的协调和平衡都是在为形神合一服务。

第三，太极拳内省体察的练习方式决定了太极拳的传统身体知识作为经验知识的独特性。太极拳的传统身体知识并不是研究者从外在于身体的纯粹客观的角度进行观测和实证而获得的，它主要是研究者在追求形神合一的过程中，通过身体运动的体验感悟而获得的。太极拳的传统身体知识与近代生理学知识有显著不同的重要原因也在于此。例如，遍及周身的气的存在，无法在近代和现代生理学、解剖学中获得验证，但是可以在太极拳运动中甚至是在生活中被人所感知、体验。太极拳的传统身体知识所具有的主观体验特点为这种知识的检验和推广增添了很多不确定性，但是太极拳的传统身体知识也具有一定程度的客观性。太极拳运动要求练习者对身体进行没有先入之见的内省体察，并且各家各派太极拳练习者基于实践所获得的有关身法要求、气的运行等的身体知识明显具有一致性；太极拳的传统身体知识可以在太极拳健身功能、技击功能的表现上得到实践检验；太极拳的传统身体知识可以在太极拳技艺的传承中得以确认和传播。这些都是太极拳的传统身体知识具有一定程度的客观性的表现。

与依赖于理性思维、可以客观实证的近代科学知识不同，体悟经验是获得和验证太极拳的传统身体知识的主要途径，理解和传播作为经验知识的太极拳的传统身体知识也依赖于一定的实践基础。而且历代拳家在研习太极拳的过程中，随着太极拳实践的深入，其体悟经验变得精微复杂，对这些体悟经验进行概括和总结也使理论变得抽象——如用意不用力、动则成圆，这增加了还原和解读太极拳的传统身体知识的难度。

第四，太极拳的传统身体知识具有独特的系统性。由于太极拳的传统身体知识的重点和中心是理解和优化身体运动机制，所以研究者对太极拳的传统身体知识的认识由此展开并拓展到身体构成、身体机能的层面。虽然认识身体构成、身体机能层面的太极拳的传统身体知识是为理解和优化身体运动机制服务的，但太极拳的传统身体知识既不强调必须首先从身体构成、身体机能层面入手进行研究，也不强调必须在身体构成、身体机能层面上形成完整的认识。就太极拳的传统身体知识的内部系统来说，身体构成、身体机能层面的内容可以为身体运动机制层面的内容提供必要的支撑。同时，身体构成、身体机能、身体运动机制三个层面的知识联系紧密，不能截然分开。

第五，太极拳的传统身体知识与太极拳独特的运动方式之间存在着必然的联系。太极拳区别于众多身体运动的显著特点在于其松柔和缓的运动方式。太极拳的传统身体知识认为，用力会造成身体紧张，影响身体之气的运行，松柔运动可以促进气的流通，从而发挥健身功能。太极拳的传统身体知识认为，在技击中主动用力会使身体因紧张而失去灵敏的感知能力并降低身体灵活变化的可能性，如此，练习者将处于劣势。太极拳的传统身体知识还主张练习者要缓慢运动，一则剧烈运动会造成气的急促和衰减，缓慢运动不致运动过度；二则缓慢运动有利于练习身体各部位的精密、协调配合。在柔和、缓慢运动的基础上，太极拳的传统身体知识强调精神在身体运动中发挥着感知和调控的重要作用，以及练习者要通过不断尝试在各身体部位之间建立起最合理的配合关系，并追求身体的整体运动。身体的整体运动能使身体之气充沛畅达，太极拳练习者的感觉更加灵敏，全身参与、变化灵活的太极拳劲得以形成，太极拳正是依赖于此才能发挥独特的健身功能和技击功能。

第六，太极拳的传统身体知识强调对身体的动态性理解和把握。太极拳的传统身体知识既承认身体构成、身体机能的稳定性，又强调以动态变化的观点理解身体和改变身体。太极拳家强调要在深入的内省体察中保持对身体状态敏感、清醒的了解。他们发现身体内部进行着不息的运动和变化，他们主张要自觉调整身体状态，使身体的变化朝着目标方向发展，从而实现理想的身体状态。例如，徐震强调按照太极拳的身法要求勤加练习以形成新的运动习惯，郑曼青主张在行、住、坐、卧等各项日常活动中实践气沉丹田的练气之法。对运转不息的气运动的感知和调整，对身体运动中阴阳关系精益求精的分析和平衡，都体现了太极拳的传统身体知识中有关身体的动态性认识。

第七，太极拳的传统身体知识具有个性化特点，呈现出一定的艺术属性。在追求切实的健身功能和技击功能的过程中，随着认识的深入，人们在认识太极拳对身体的作用时能否得到趋于一致的结论？对此问题，我们可以借助中医学史上的金元四大家的事例进行辅助说明。

刘完素（约1120—1200）认为，疾病多因火热而起，在治疗上多运用寒凉药物，后世将以他为代表的医学流派称为"寒凉派"；张从正（约1156—1228）认为，治病应着重驱邪，"邪去而正安"，他在治疗方面丰富和发展了汗、吐、下三法，后世将以他为代表的医学流派称为

"攻下派"；李杲（1180—1251）认为，"人以胃气为本"，他在治疗上长于温补脾胃，因而他所代表的医学流派被称为"补土派"；朱震亨（1281—1358）认为，人"阳常有余，阴常不足"，他善用"滋阴降火"的治则，后世将以他为代表的医学流派称为"养阴派"。① 金元四大家在中医学体系内对人体和疾病的认识具有不同的重点和体系，金元四大家所擅长的治疗手段也各不相同。但四人同为历史上的著名中医，在医疗实践中都展现出高超的医学水平。

五人太极拳的传统身体知识具有相似的特点。例如，在探究影响身体运动机制的关键身体部位时，陈微明和胡朴安强调以腹部为中心，向恺然强调腰部为身体整体的圆心定点，徐震强调腰部带动呼吸，郑曼青则强调气沉丹田。这些观点虽然都体现了腰、腹部位在运动中的重要作用，但五人所强调的具体位置有差别，强调的角度也有不同②。此外，不同太极拳家对于身体的认识会受到师门传承、个人身心特点与认识基础、个人太极拳实践与感悟等方面的影响。在近代公开传播太极拳以来，社会上出现了众多不同的太极拳流派，形成了不同的太极拳技法和风格特点，这种现象的出现与不同传人对太极拳的传统身体知识的多元化理解有着重要的关系。

第八，从思维方式、核心概念层面来看，太极拳的传统身体知识体

---

① 杜石然，范楚玉，陈美东，等．中国科学技术史稿：下册［M］．北京：科学出版社，1982：64-66.

② 五人是从两个角度对这些部位的重要性加以强调的：首先在力学体验上，这些部位是身体重心所在——但重心位置因身体结构、姿势的不同而有所不同；其次在生理功能上，这些部位具有特殊且重要的意义。太极拳的传统身体知识认为，无论从哪个方面来看，这些部位能充分发挥作用都依赖于太极拳运动中练习者的精神对部位的准确感知和关注。

现了中国传统身体知识的重要特点。中国传统身体知识中有关身体的认识主要是通过身体与自然物象的类比和研究者对身体的内省体察获得的，这都在太极拳的传统身体知识中有充分的体现。另外，"气"与"阴阳"等核心概念和思维模式贯穿了太极拳的传统身体知识。以"气"为例，中国传统身体知识认为气是身体内运动不息的极细微物质，也是构成和维持身体生命活动的基本物质。气在周流全身时越是畅达充沛，人的健康状况就越好，同时气也可以沟通身体与外界。在气沟通身体与外界这一方面，不同领域的传统身体知识关注的重点有所不同，中医学的传统身体知识主要关注人与自然之气的沟通，太极拳的传统身体知识则重点关注技击中对对方劲力、攻防意图的感知——这是己方身体之气与对方身体之气沟通作用的一种表现。

太极拳的传统身体知识与中国传统文化语境有着密切的联系，离开这种语境就难以恰当地理解太极拳的传统身体知识。例如，徐震、郑曼青的理论中就含有大量源于《周易》、儒家思想、道家思想的内容。中国传统文化重视身体力行、修身养性，儒、释、道、医、武等不同领域都有通过调整身体状态提高生命质量的观点。从这一角度看，太极拳的传统身体知识的传统文化含量和文化品位非常高，太极拳的传统身体知识具有重要的传统文化价值。

第二节 民国时期五人太极拳著作与近代科学

一、民国时期五人太极拳著作中的近代科学因素

五人太极拳著作中的身体知识体现了在中国传统文化环境中产生和发展起来的传统知识形态，同时民国时期科学大潮的影响在向恺然、徐震、郑曼青的著作中也有所体现，近代科学因素第一次出现在了太极拳著作中。

在谈到太极拳的呼吸问题时，向恺然认为生理学的呼吸知识无法构成对太极拳"气沉丹田"说法的否定，他认为吸入的空气不能到达腹部的观点是"略解生理学者"所持。可见，向恺然并不完全否认生理学中关于呼吸的知识，但他认为这只是一种初步的认识。向恺然表示："夫气岂惟丹田可至，本来周遍全身，任何部分不容须臾滞塞，滞塞则成偏枯矣。"① 向恺然还认为传统的气理论才是更加根本的认识，照此思路，他认为肺脏的呼吸是身体呼吸——周遍全身的气运动的局部表现。

徐震关注近代科学知识，认为生理学等学科的知识和太极拳的传统身体知识之间并无高下之分，而且他抱着推进两者相融合的积极态度，使用一些近代科学知识来解释太极拳的传统身体知识。但是徐震对于生

---

① 向恺然. 太极径中径 [M] // 何欣委. 神运无方：太极拳论秘谱汇宗. 北京：人民体育出版社，2015：43.

理学等学科知识的理解是表面化和不成系统的，因此他以近代科学知识
阐释太极拳拳理的成效有限。在说明细致的身法要求时，徐震使用了生
理学中的一些名称术语，这种对身体部位更加准确的指称是在形式层面
上对生理学知识的一种借用，这使太极拳的身法要求更加清楚并更具操
作性，但他使用的"腰肌""胸肌"等指称并不明确。在说明身法要求
的生理影响时，徐震将部分简单的生理学知识与太极拳的传统身体知识
相对应——"神志清明"是脑、脊髓神经安宁的结果，而"感应警敏"
是神经反射迅速的表现。徐震既没有引入完整深入的近代生理学知识说
明身法的生理影响过程和原理，也没有采用科学手段对此进行客观验
证。徐震在说明身体运动机制的少数问题时采用了将近代生理学知识和
自身的运动经验相结合的方式。他力图使用近代生理学知识阐释呼吸运
动，但是受太极拳的传统身体知识和太极拳实践经验的深刻影响，他提
出的"腰肌的舒张与收缩会引起膈膜的上升和下降""腰肌与胸肌弛张
相调适"等观点与近代生理学知识并不相符。结果，在解释呼吸运动
的问题上，徐震的理论既不同于普遍流行的太极拳的传统身体知识，又
不同于近代生理学知识。

郑曼青所述的太极拳的传统身体知识包含更加丰富且更加复杂的近
代科学因素。郑曼青对于近代科学在社会发展中的作用抱着支持、肯定
和乐观的态度，他认为太极拳的传统身体知识应该积极同科学建立联
系。郑曼青提出了支持太极拳的传统身体知识正确性的解剖发现、科学
现象、科学定理等方面的证据，还对太极拳技击中的现象进行了力学上
的总结和解释。但是郑曼青没有接受过系统、专业的科学训练，他的论
证并未严格遵循近代科学的规范，也不具备近代科学的专业水准。与科

学验证相比，郑曼青还是更加信赖身体经验对太极拳的传统身体知识的验证，但是这一点对科学的发展也并非完全没有启示意义：科学是否可以更多地关注人的体验？郑曼青作为著名的中医师，在治疗肺病时，除了按照中医理论阐释了太极拳治疗肺病的原理，还提出了关于中、西医比较的丰富见解，他的观点对认识中、西医各自特点和中、西医关系具有一定的启示意义。

二、太极拳的传统身体知识与近代科学相关知识之间的关系

陈微明等五人在太极拳的传统身体知识与近代科学相关知识的关系问题上，观点不尽一致。太极拳的传统身体知识和近代科学相关知识完全不同，有些内容甚至是相悖的，最典型的当属太极拳"气沉丹田"的说法和近代生理学中呼吸知识之间的矛盾。在这个问题上，虽然向恺然和郑曼青并不否认近代生理学的知识，但是他们认为两者有高下之分，并且太极拳的传统身体知识更加根本。向恺然反驳近代生理学知识时说气的运行本来周遍全身，郑曼青则认为气沉丹田是尚未证实的科学。徐震在这一问题上，对太极拳的传统身体知识和近代生理学知识抱着更加平等的态度，他努力将两者融合，但是对生理学学科的肤浅了解和对经验体悟的深度依赖使他的理论与普遍流行的太极拳的传统身体知识以及近代生理学知识都有所不同。在探究太极拳的传统身体知识与近代科学相关知识的关系问题时，我们可以认为陈微明、胡朴安更忠实于普遍流行的太极拳的传统身体知识，不了解、不谈论科学内容。

实际上，尽管向恺然、郑曼青在呼吸问题上更加推崇太极拳的传统身体知识，但是他们对近代科学相关知识整体上持有认可和包容的态

度，徐震也是如此。徐震和郑曼青都在融合太极拳的传统身体知识和近代科学相关知识上做出了努力——可以称之为推动太极拳的传统身体知识科学化的努力。但是他们的研究尚未达到近代科学规范的要求，很难纳入近代科学的范畴，并且他们的研究以练习体验为基础，依赖于实践和感悟，很可能使没有太极拳实践经验的读者读后不知所云。

民国时期太极拳研究者中真正系统接受过自然科学教育的人少之又少，所以不管是对近代科学的总体理解还是对近代科学知识的具体掌握，太极拳研究者的能力都与近代科学的专业标准相去甚远。并且受到自身太极拳实践经验的深刻影响，太极拳研究者的思维方式不可避免地偏重于经验感悟。倚重经验感悟又加剧了他们对于科学理解的偏差。如果以规范的近代科学发展形态衡量，民国时期太极拳的传统身体知识的科学化进展并不理想，成果有限，并且太极拳的传统身体知识的科学化水平远落后于当时中国自然科学发展的先进水平。以生理学的发展为例，1926 年，中国生理学会成立。该学会的一批著名生理学家，如林可胜、吴宪开展了广泛的研究和交流活动。该学会发行了具备国际水准的《中国生理学杂志》，其中一些研究成果达到了世界先进水平。同时众多大、中学校开设了生理学课程，多种生理学教材刊行于世。总之，民国时期生理学的尖端研究和普及传播工作都取得了显著的进步。这与太极拳著作中生理学知识不够规范、较为简单的情况形成了对比。

但是从另外一方面来看，太极拳的传统身体知识是经验知识，其中包含着细微复杂的身心交互的身体运动经验。如何使用强调客观实证的科学手段对其开展研究，不仅在民国时期，就算在今天也是件棘手的事情。近年来，在有关太极拳的自然科学研究中，从统计学角度对太极拳的健身效果进行研究的实证研究较多，但是有关太极拳本身运动过程、运动特点、运动水平的科学研究进展仍然不理想。已有的研究还难以反映形神渗透、融合的太极拳运动机制。但是将这种身体运动简化为易于研究的机械运动，又与实际的太极拳身体运动过程不符。

让情况更为复杂的是：在太极拳的传统身体知识系统内，从民国时期开始出现了理论知识与实践经验脱节的问题。太极拳的传统身体知识既是在太极拳实践中产生和获得的，又是在太极拳实践中得到验证、理解和传播的。陈微明、向恺然和郑曼青都提到，民国时期很多太极拳练习者产生了形式化的偏差，陈微明忧虑太极拳"泛滥而失其本源；流动而忘其规矩；溷杂而违其精意"的现象①，向恺然批评太极拳练习者"不知理而徒练势"②，郑曼青也强调如果不能尚气、养气则不能收到太极拳养生、技击的效果③。从民国时期至今，尽管太极拳越来越普及，但是由于种种历史与现实的原因，太极拳的实践与太极拳的传统身体知识之间的裂痕越来越大，今天知晓、理解和实践太极拳的传统身体知识的练习者并不多。

从民国时期开始，太极拳的传统身体知识与近代科学相关知识之间的矛盾不断出现，如何调和这种矛盾成为一个难以回避的重要问题。本研究反映了这一矛盾关系中的某些情形：虽然太极拳的传统身体知识与近代科学相关知识都具有求真的价值维度，但传统文化整体感悟的思维方式与近代科学分析实证的研究方法有明显的差异；太极拳的传统身体知识对太极拳实践具有重要的指导作用，并有可能转化为科学，但是经

---

① 陈微明. 陈微明太极拳遗著汇编 [M]. 北京：人民体育出版社，1994：171.
② 吴公藻. 太极拳讲义 [M]. 上海：上海书店，1985：向恺然序 5.
③ 郑曼青. 郑子太极拳十三篇 [M]. 台北：大展出版社，1981：26-27.

验知识毕竟不同于科学，两者之间的转化存在巨大的困难；积极开展太极拳实践是太极拳的传统身体知识得到理解和传播的基础，但是时代与社会的巨变在某种程度上使太极拳的传统身体知识失去了依托；太极拳的传统身体知识具有独立、自足的特点，如何有效地实现太极拳的传统身体知识科学化，是重要且难以一时解决的课题。大而言之，这样一些情形在中国传统身体知识和相关科学知识的矛盾关系中也普遍存在。①

著名医学史学者栗山茂久说："我们一般认为人体结构及功能在世界各地都是相同的，是全球一致的真相。不过一旦回顾历史，我们对于真相的看法便会开始动摇……不同医学传统对于身体的叙述通常有如在描述彼此相异、并且几乎毫不相关的世界。"② 太极拳的传统身体知识为了解科学知识的人们提供了非常独特的观点、理念，而且这是一种在科学时代仍然被使用的身体知识。③

身体是被文化建构出来的，身体本来就是多元的④，但是未来的研究者或许会在深入了解不同领域之后，在不同身体知识之间搭建起崭新的"沟通"彼此的桥梁。

---

① 最典型的当属中医学身体知识与现代医学身体知识之间的复杂关系。

② 栗山茂久. 身体的语言：古希腊医学和中医之比较 [M]. 陈信宏，张轩辞，译. 上海：上海书店出版社，2009：前言 2.

③ 例如，与太极拳的传统身体知识有密切联系的中医学身体知识在今天的中国仍然被广泛地使用，并且为中国人民的健康做出了巨大的贡献。

④ 包红梅. 医学中的身体之多元性：以蒙医身体观为例 [J]. 自然辩证法研究，2015，31（10）：51-55.

后　记

　　拙作由我的同名博士学位论文转化而来，在绪论中删去了博士学位论文的文献综述部分而增加了"太极拳的当代价值与当前太极拳发展的深层矛盾"部分，以期增加可读性和现实关联性，同时对博士学位论文中的其他一些问题进行了修正。

　　应该说，太极拳的实践是第一性的，没有太极拳的实践，人们就难以理解太极拳理论，同时也难以完全理解太极拳的传统身体知识，这是由学科、论题本身的特点所决定的，并非作者个人所能左右。但从理论上认识到太极拳的传统身体知识具有非常独特的理念、观点，也会对太极拳实践具有重要的指导和推动作用。拙作若能使读者获得不一样的身体认知，并对太极拳等中华传统体育的理论与实践产生兴趣，我将感到十分荣幸、欣喜！

　　拙作的出版受到内蒙古师范大学体育学院的资助，谨向院长高娃致以谢意！